DE LA

RÉVOCATION DES ACTES

FAITS EN FRAUDE DES CRÉANCIERS

THÈSE POUR LE DOCTORAT

PAR

Gervais-Joseph-Optat MURAY.

Avocat à la Cour impériale de Paris.

PARIS

IMPRIMERIE DE MOQUET,

rue de la Harpe, 92.

1854

THÈSE

POUR LE DOCTORAT.

L'acte public sur les matières ci-après sera soutenu
le Vendredi, 22 décembre 1854, à 1 heure

PAR

Gervais-Joseph-Optat MURAY.

Avocat à la Cour impériale de Paris.

Président, M. BRAVARD-VEYRIÈRES, professeur.

SUFFRAGANTS :

MM. PELLAT, doyen
OUDOT
} Professeurs.

DUBANTON
DUVERGER
} Suppléants.

Le Candidat répondra en outre aux questions qui lui seront faites
sur les autres matières de l'enseignement.

PARIS

IMPRIMERIE DE MOQUET
92, RUE DE LA HARPE, 92

1854

DE L'ACTION PAULIENNE.

A MON PÈRE, A MA MÈRE.

DE L'ACTION PAULIENNE.

PREMIÈRE PARTIE.

INTRODUCTION.

On peut distinguer les relations pécuniaires des hommes entre eux en deux grandes classes.

Dans l'une, chaque partie exige de l'autre en échange de la valeur qu'elle lui confère la translation immédiate d'un droit de propriété.

Dans la seconde, l'une des parties se contente d'un engagement personnel, d'une promesse qui ne doit avoir son effet que dans l'avenir.

Et cette distinction est nécessaire ; elle est exigée par la variété des transactions qui interviennent entre les hommes, par la multiplicité des rapports qui résultent d'une civilisation avancée.

Les obligations elles-mêmes comportent une division analogue ; les unes sont accompagnées de garanties particulières, par suite de la stipulation d'une hypothèque, d'un gage ou d'un cautionnement : l'engagement personnel du débiteur se trouve ainsi consolidé par la convention des parties. Le législateur intervient lui-même dans quelques unes de ces relations, et considérant le caractère respectable de la créance et l'impossibilité pour le créancier d'exiger des garanties particulières, il lui en donne de plein droit, et le fait sortir de la classe des créanciers chirographaires où le plaçait sa convention, pour le faire entrer dans celle des créanciers privilégiés. Ces garanties spéciales ne peuvent exister toujours; il reste une classe nombreuse de créanciers qui en sont dépourvus, et dont nous avons particulièrement à traiter : bien qu'en effet le droit de révocation des actes frauduleux faits par le débiteur compète à tous les créanciers, il est cependant plus nécessaire à ceux qui n'ont qu'un droit de gage général sur le patrimoine de ce débiteur.

Le créancier chirographaire, par suite d'une confiance quelquefois spontanée, souvent aussi commandée par les circonstances et les usages, suit la foi de son débiteur, s'en rapporte à sa probité et à l'habileté de son administration ; son gage augmente ou diminue en même temps que le patrimoine de celui-ci ; peut-être sera-t-il entièrement payé ; peut-être ne recevra-t-il qu'un dividende, peut-être rien ! Tout dépend de la manière dont le débiteur saura conserver les biens qui constituent à la fois et sa propre fortune et l'espoir de ses créanciers.

Convient-il à une bonne législation d'encourager ce système de confiance, ou mieux vaut-

il rendre les créanciers exigeants au moment
du prêt et les pousser à garantir leur droit contre les éventualités de l'avenir? La loi répond
à cette question par les voies d'éxécution qu'elle
organise et par les droits généraux qu'elle
accorde au créancier, indépendamment de
toute convention. Ces voies d'exécution sont-
elles suffisamment protectrices ; le créancier
est-il pourvu de droits généraux contre la
fraude et la négligence du débiteur, il sera
disposé dès-lors à s'en rapporter à lui, et les
résultats seront ceux-ci : une simplification des
rapports entre le créancier et l'obligé; une plus
grande liberté des biens. Au contraire, si les
mesures légales sont insuffisantes, le créancier
sera obligé de garantir ses droits au moyen de
sûretés conventionnelles, et de se procurer lui-
même une protection que la loi lui refuse. De
là des constitutions d'hypothèques ou de gages
ou l'intervention de tiers, cautions ou codébi-
teurs solidaires.

La loi française a organisé les voies d'exécution d'une manière rationnelle; c'est le patrimoine de l'obligé qui forme le gage de ses créanciers; sa personne et sa liberté sont respectées, et la contrainte par corps est reléguée à
sa véritable place, considérée comme un moyen
exceptionnel de coercition, comme un remède
extrême. Le principe est donc que ce sont les biens

qui répondent de l'exécution des obligations.

La difficulté consiste dans l'application de ce principe: Quels doivent être les droits du débiteur sur ce patrimoine affecté à l'acquittement de ses dettes? Ses droits de propriétaire resteront-ils intacts? ou convient-il de donner aux créanciers un droit de surveillance et d'intervention dans la gestion de ce patrimoine? Faut-il aller plus loin, et leur permettre de faire annuler des actes consommés par leur débiteur? Le législateur avait ici plusieurs intérêts à concilier: le créancier qui a fait crédit demande des mesures propres à garantir son paiement; le débiteur resté propriétaire revendique le droit de disposer et d'agir en maître ; enfin les tiers qui ont traité avec ce débiteur veulent conserver le bénéfice de leurs transactions ; et l'intérêt de la circulation des biens, en même temps que celui de la stabilité de la propriété et du respect dû aux conventions ,exigent également le maintien de ces actes.

Il est assurément difficile, sinon impossible, d'arriver à l'équilibre exact de ces intérêts divergents ; prend-on en considération la position du créancier, qui est souvent obligé de suivre la foi de son débiteur, et qui dès lors ne peut pas être taxé de négligence par cela seul qu'il est créancier chirographaire ; lui accorde-t-on un droit d'immixtion étendu dans l'administration du patrimoine de l'obligé ; lui donne-t-on un large droit de révocation des actes qui lui causent préjudice. Dès lors le débiteur perd sa liberté d'action ; il a cessé d'être propriétaire; c'est un administrateur auquel on peut à tout instant demander compte de ses actes, qui ne peut ni spéculer, ni modifier, ni même améliorer; il est sous la tutelle de ses créanciers qui peuvent à tout propos soumettre sa conduite à l'appréciation des tribunaux; c'est un résultat inacceptable. D'un autre côté, si, craignant ces inconvénients, on pose en principe rigoureux que le débiteur est resté chef de sa fortune, et qu'on restreigne les droits des créanciers; ceux-ci sont détournés de l'idée de prêter à un homme qui peut facilement dissiper leur gage ; ils exigeront de lui des garanties particulières, et s'ils ne peuvent les obtenir, ils ne prêteront pas. De là des frais, des lenteurs, des entraves apportées aux transactions.

Il y a sans doute une ligne moyenne entre ces extrêmes ; mais elle est délicate à tracer. La loi française a résolu ces difficultés d'une manière assez heureuse, et ses dispositions à cet égard peuvent se résumer dans ces quatre principes : 1° Le débiteur reste propriétaire, chef de son patrimoine, libre de le gérer et d'en disposer comme il l'entend, sous les modifications suivantes ; 2° les créanciers peuvent intervenir dans les partages, liquidations, séparations de biens où leur débiteur est partie, pour sauvegarder leurs droits (art. 882 et 1447. C. N.) ; 3° la négligence et l'inaction du débiteur peut être suppléée par ses créanciers qui se feront subroger à ses droits et les exerceront à sa place (art. 1166, C. N.) ; 4° les actes frauduleux du débiteur peuvent être révoqués sur la demande des créanciers qui en ont souffert (art. 1167. C. N.)

Telles sont les seules restrictions apportées par la loi aux droits du débiteur ; en dedans de ces limites, il y a pour lui pleine liberté d'agir et de disposer ; de convertir en valeurs mobilières les immeubles qu'il pouvait avoir ; liberté de faire des libéralités, de transiger sur les droits contestés qu'il peut avoir ; liberté de spéculer et de livrer ainsi au hasard un patrimoine sur lequel ses créanciers ont fondé leurs espérances ; enfin liberté de ne point augmenter ce patrimoine et de refuser les donations qui lui sont offertes. — La législation a-t-elle assez fait pour les créanciers, et parmi les actes que nous venons d'indiquer comme pouvant être acccomplis par le débiteur, n'en est-il pas quelques-uns qu'on devrait permettre aux créanciers de faire révoquer d'une manière spéciale? En ce qui concerne les actes par lesquels le débiteur refuse d'acquérir, par exemple le refus d'une donation offerte, c'est au débiteur seul à décider ce qu'il doit faire, on ne concevrait pas à cet égard un droit de subrogation accordé aux créanciers. — Quant aux actes de spéculation, quoique dans bien des cas, et du côté du débiteur, ils constituent des actes d'immoralité, ou au moins de grave imprudence, l'intérêt des tiers exige qu'il restent soumis aux principes généraux de la matière.

Mais doit-il en être ainsi des libéralités consenties par le débiteur obéré? A-t-on fait assez pour les créanciers, quand on les a autorisés à faire révoquer celles que le débiteur a consenties dans une intention de fraude, et ne doit-il pas suffire que cette donation leur porte préjudice? Certains jurisconsultes, et des plus recommandables, pensent que cet état de chose existe dans nos lois actuelles, et que tout acte gratuit, fait par un homme insolvable, peut être révoqué sur la demande des créanciers antérieurs à cet acte, alors même que ce débiteur ignorait son état d'insolvabilité au moment de la donation. — Malheureusement, et quelque désirable que soit cette extension donnée à l'action Paulienne, il est difficile de l'admettre comme autorisée par le Code, qui ne paraît reconnaître qu'une seule cause de révocation des actes du débiteur, la fraude. Il en résultera sans doute des scandales; on verra un homme enrichi des deniers d'un insolvable en présence de créanciers non payés. Mais le respect des conventions et l'intérêt de la stabilité de la propriété l'ont emporté sur celui des créanciers dans l'esprit du législateur. Le Code de la Louisiane a évité ce résultat choquant, en disposant, dans son article 1985, que « lorsque le contrat est purement gratuit, il sera présumé avoir été fait en fraude des créanciers, si, à l'époque où il a été passé, le débiteur ne possédait pas au-dessus du montant de ses dettes deux fois la valeur de la chose dont il a ainsi disposé à titre gratuit. » (De Saint-Joseph, Concordance des Codes, p. 71.)

Ainsi se trouve révoquée, non-seulement la donation faite par un insolvable, mais encore celle faite par un homme qui est proche de l'insolvabilité. La législation se rapproche alors de l'exigence de la morale : elle prescrit au débiteur la prudence et la délicatesse ; elle le rappelle au respect de ses engagements. C'est l'application étendue de la vieille maxime : *Nemo liberalis nisi liberatus*, maxime éminemment équitable.

Sans exagérer la portée de cette vérité, il est permis de se demander pourquoi la loi française l'a restreinte aux dispositions testamentaires ? Sans doute il est vrai de dire que les donations trouvent un frein naturel dans la privation actuelle et irrévocable qu'elles imposent au dona-

teur, tandis que l'homme se trouve enclin à la
générosité dont les effets se reportent après la
mort ; mais le législateur a attaché à ce fait plus
d'importance qu'il n'en mérite. Il importe peu
que les donations soient moins usitées que les
legs ; ce qu'il faut remarquer, c'est que, comme
les legs, elles constituent pour le donateur un
acte de générosité et d'appauvrissement sans
équivalent. Si, sous ce rapport, il y a parité entre les deux actes, pourquoi préférer le donataire au créancier, alors qu'on reconnaît que le
créancier doit passer avant le légataire ?... Si
le legs est révoqué au profit des créanciers du
testateur, le motif en est que le légataire ne doit
pas faire un gain avec les deniers d'un homme
qui n'a pas payé ses dettes ; que le testateur
doit rendre ce qu'il a emprunté, avant de se
montrer généreux ; c'est qu'en un mot, il ne
peut pas être libéral avec l'argent d'autrui (*œs
alienum*, selon l'énergique expression des Romains). Or, ces motifs sont également vrais pour
la donation entre vifs, et la raison demande
qu'ils produisent le même résultat : *Ubi eadem
ratio, idem jus esse debet.*

Quoi qu'il en soit, il faut reconnaître que l'ancienne jurisprudence française et le Code Napoléon après elle, ont grandement amélioré la
position des créanciers : mesures préventives et
conservatoires résultant de la publicité donnée à

la constitution de plusieurs droits réels et aux séparations de biens ; droit d'intervention et de surveillance à l'égard des partages et des liquidations ; droit de subrogation au lieu et place du débiteur pour faire les actes qu'il a négligé d'accomplir ; droit de saisir-arrêter entre les mains des tiers ce qu'ils peuvent devoir au débiteur ; enfin droit de révocation des actes frauduleux; telles sont les garanties offertes aux créanciers. Si l'œuvre est encore inachevée , s'il reste des actes et des constitutions de droits réels importants, que rien ne révèle à ceux qui ont intérêt de les connaître, si le crédit que chacun mérite est un point souvent obscur encore, au moins a-t-on fait un grand pas dans cette voie de publicité qui assure la tranquillité des tiers.

Du reste, le travail qui va suivre ne porte que sur l'une de ces garanties, sur celle qu'on pourrait définir le droit accordé aux créanciers de faire révoquer à leur profit les actes que leur débiteur a accomplis à leur préjudice et avec dessein de leur nuire. Nous aurons occasion de remarquer que cette théorie elle-même a été perfectionnée sur plusieurs points, par suite de l'adoption de principes nouveaux, ou de l'abandon de certaines distinctions inexactes.

C'est surtout en matière commerciale, là où il

y avait tout à créer, que les innovations sont re-
marquables.

Nous suivrons la marche historique de ce
droit de révocation : né des idées d'équité qui
inspiraient les préteurs, nous le verrons d'abord
organisé par les commentaires des jurisconsultes romains, pour le suivre ensuite dans notre
ancienne jurisprudence, et nous demander enfin
quelles sont sa nature et sa portée sous la législation actuelle.

DEUXIÈME PARTIE

DROIT ROMAIN.

(Dig. 42. 8. quæ in fraud, credit. fact. — Cod. Just.
7. 75 De revoc. his quæ in fraud. cred,)

SECTION PREMIÈRE.

Actions diverses accordées aux créanciers. —
Loi Ælia sentia.

L'étude de la législation romaine sur un point
de droit quelconque offre toujours un grand
intérêt ; le peuple romain fut le peuple juridi-
que par excellence, et les décisions de ses jurisconsultes ont eu force de loi pendant dix-huit
siècles sur notre sol. Mais dans la matière que
nous traitons, cette étude offre un autre intérêt ;
la disposition qui formule dans notre législation
le droit de révocation accordé aux créanciers
est évidemment une disposition de renvoi ; c'est
une invitation, un ordre du législateur d'étu-
dier la loi antérieure, à laquelle il a entendu
se référer ; plus d'un fragment du titre que
nous allons examiner est un commentaire
obligé de l'art. 1167 du Code Napoléon. La difficulté consiste à rechercher parmi les décisions des jurisconsultes romains, quelles sont

celles qui sont propres au caractère, aux mœurs, aux institutions qui régnaient alors, et, celles qui plus élevées, plus générales, ont survécu à ces institutions, pour mériter une place dans toute législation civilisée, et spécialement dans la nôtre.

Nous ne trouvons pas dans les textes romains relatifs au sujet de cette dissertation l'unité de moyen d'action que nous rencontrerons dans nos lois modernes. Indépendamment des actions Favienne et Calvisienne, accordées au patron pour faire révoquer les actes d'un affranchi faits en fraude de ses droits, quatre expressions formulent le droit de révocation accordé aux créanciers : 1° Lex Ælia sentia ; 2° interdictum fraudatorium ; 3° actio Pauliana in rem ; 4° actio Pauliana in factum.

Quelles sont les dates de ces divers monuments législatifs ? C'est une question sur laquelle les avis sont partagés : Cujas a conclu d'un passage des lettres de Cicéron que l'action Paulienne existait déjà de son temps, et qu'ainsi elle était antérieure à la loi Ælia sentia. D'autres jurisconsultes, (notamment Simon Dubois et Grævius, célèbres à la fois dans la jurisprudence et dans les lettres) ont interprété différemment ce passage, et pensent qu'il est relatif à l'action *de dolo.*

Quant à la loi Ælia sentia, tous les documents

historiques concourent pour la placer sous le règne d'Auguste, en l'an de Rome 757, sous le consulat d'Ælius Cato et de Sentius Saturninus.

La date de l'interdictum fraudatorium est plus douteuse ; il est permis de supposer qu'il a dû précéder l'action Paulienne: cette conjecture est conforme à la nature des interdits et à la marche générale suivie par le préteur dans ses innovations législatives.

Les avis sont également partagés sur le point de savoir si l'action Paulienne personnelle a précédé l'action réelle, ou si, au contraire, elle n'a été que le développement et l'extension de celle-ci.

Quoi qu'il en soit de ces incertitudes sur cette question historique, il nous reste heureusement sur la nature et la portée de ces divers moyens d'action des documents plus précis.

Nous parlerons ici de la loi Ælia Sentia, qui offre un caractère bien tranché, renvoyant aux sections suivantes l'étude de l'action Paulienne, qui exige plus de développements.

Le but de la loi Ælia sentia fut de porter remède à un abus grave qui s'était introduit dans les mœurs, l'excès des affranchissements, qui, trop souvent, étaient irréfléchis, appuyés sur des motifs de vanité ou d'ambition, et peu propres à donner à Rome des citoyens dignes de ce nom. Des quatre chapitres de cette loi, un seul doit nous occuper, celui qui prohibait l'affranchissement fait en fraude des créanciers. Que l'action Paulienne existât ou non dans le droit au moment où cette loi fut portée, peu importe : elle ne pouvait atteindre les manumissions. Un principe supérieur aux édits prétoriens les protégeait, l'irrévocabilité de la liberté acquise (D. 40. 5. 4. § 2). Aussi la loi d'Auguste ne révoque pas l'affranchissement ; elle empêche que la liberté soit acquise : *Lex impedit libertatem ; libertas non competit : nihil agit qui in fraudem manumittit.* Tel est le langage de la loi et des jurisconsultes.

De quelle fraude parlait cette loi? Supposait-elle seulement un préjudice causé aux créanciers, ou bien exigeait-elle de plus une intention de dol? Les avis furent partagés dans le principe. L'acception primitive du mot *fraus* ne comportait pas l'idée de dol; il ne signifiait rien de plus que préjudice: aussi Gaius s'en tenait à cette condition unique, donnant pour motif que l'homme s'abuse souvent sur ses propres ressources (D. 40. 9. 10). Cependant cette interprétation fut rejetée par la majorité des jurisconsultes ; elle était défavorable à la liberté et contraire à ce principe, que, pour prononcer qu'un acte est frauduleux, il faut examiner non-seulement le fait, mais encore l'intention (D. 50. 17. 79), et Justinien nous apprend que ce sentiment prévalut.

Du reste, l'affranchissement frauduleux n'était pas nul de plein droit : l'affranchi pouvait jouir de fait de la liberté conférée, jusqu'au jour où les créanciers, établissant la fraude, faisaient déclarer qu'il n'avait pas cessé d'être esclave. (D. 40. 9. 16. § 3.)

On entendait par créanciers toute personne à qui quelque chose était dû, pour quelque cause que ce fût, antérieurement à la manumission critiquée (D. 40. 9. 16. § 2). — Quant au débiteur, il ne pouvait puiser dans sa fraude le droit de faire déclarer nulle la liberté qu'il avait donnée ; les créanciers seuls pouvaient la critiquer. Ils perdaient eux-mêmes leur action de plusieurs manières : s'ils n'avaient plus d'intérêt à l'intenter, ayant été désintéressés postérieurement, ou quelqu'un s'étant engagé à payer toutes les dettes pour conserver les affranchissements (D. 40. 9. 26. — Inst. 3. 11. § 6); ou s'ils avaient laissé écouler dix ans sans agir : telle est, du moins, la décision donnée par Ariston relativement au fisc (D. 40. 9. 16. § 5).

Que si le même débiteur a fait plusieurs affranchissements, la nullité ne commence qu'à ceux qui l'ont rendu insolvable; les libertés antérieures sont maintenues, à moins toutefois que la valeur du dernier affranchi ne fût insuflisante pour payer les créanciers, alors que celle du premier suffirait. La faveur due à la liberté exigeait, dans ce cas, le renversement des rôles (D. 40. 9. 24).

Il est enfin un affranchissement que les créanciers ne peuvent critiquer, c'est celui que le débiteur a conféré par testament, dans le but d'avoir un héritier nécessaire sous le nom duquel ses biens fussent vendus (Inst. 1. 6. 1.). Pour ce cas, les droits des créanciers furent sacrifiés au respect d'un amour-propre exagéré, mais fortement entré dans les mœurs du temps.

SECTION II.

Action Paulienne. — Sa nature.—A quels actes elle s'applique.

Plusieurs systèmes ont été produits sur le point de savoir quelle était la nature du droit de révocation accordé aux créanciers, et si l'action Paulienne était réelle ou personnelle.

Un premier système, faisant trop bon marché du texte des Institutes, déclare sans hésiter que l'action Paulienne est toujours personnelle, et que, si elle a trouvé place au § 6 du titre *de Actionibus*, c'est parce qu'elle était rescisoire comme la Publicienne.

D'autres commentateurs ont vu dans l'action dont parlent les Institutes une action hypothécaire, résultant du gage prétorien attribué aux créanciers par suite de la *missio in possessionem*.

Cette interprétation se trouve réfutée, tant par la paraphrase de Théophile que par le texte même de Justinien, qui donne la qualité de fictice à l'action dont il traite, qualité qu'on ne concevrait pas dans une action résultant du gage.

Un dernier système, que nous adoptons entièrement, reconnaît dans la législation romaine deux actions Pauliennes : l'une réelle, dont il est parlé aux Institutes ; l'autre personnelle, dont le Digeste indique la nature et les effets.

Et d'abord, le § 6 traite d'une action réelle : c'est une question de propriété que soulèvent les créanciers, en prétendant que la chose n'a pas changé de maître, et que le débiteur en est resté propriétaire ; d'ailleurs les expressions du texte ne peuvent s'adapter qu'à une action réelle ; enfin la place de ce § au milieu des actions réelles prétoriennes et le témoignage de Théophile, concourent encore pour établir que l'action Paulienne dont il est question, est une action réelle, au moyen de laquelle les créanciers du vendeur auront un droit de préférence à opposer aux créanciers de l'acheteur.

D'un autre côté, on ne peut méconnaître l'existence d'une action Paulienne personnelle ; il n'y en a pas d'autre possible à l'égard de certains actes que les créanciers ont le droit de critiquer, tels que les obligations et les acceptilations consenties par le débiteur; d'ailleurs, les textes du Digeste sont formels, et si l'on a eu tort de les prendre dans un sens exclusif, ce serait une autre erreur de n'en pas tenir compte. Les Romains connaissaient donc une action Paulienne personnelle. Mais ici encore des points obscurs se présentent : pourquoi la coexistence de ces deux actions? Comment fonctionnaient-elles? Laquelle a précédé l'autre?

Certains auteurs conjecturent que c'est Justinien ou ses prédécesseurs qui ont transformé pour certains cas, en action réelle, une action que les anciens jurisconsultes considéraient seulement comme personnelle. Ils s'appuient sur cette idée, que le droit primitif n'était pas disposé à reconnaître aux actions rescisoires le caractère d'actions réelles, et que ce fut Ulpien qui professa le premier la doctrine contraire. — Il est vrai que ce jurisconsulte émit le premier l'idée d'une propriété résoluble (D. 6. 1. 41 — 18. 2. 4. § 5. — 59. 6. 29 et 50); mais il est certain d'après les *fragmenta vaticana* (§ 283 rapproché de la loi 2 au Code 8. 55) que cette doctrine ne fut définitivement reçue dans le droit que sous Justinien; il faudrait donc voir dans l'action Paulienne de notre § 6 une inno-

vation de cet empereur ; ce qu'il est bien difficile d'admettre.

Une seconde explication a été proposée: on
reconnaît l'existence en droit romain de deux
actions Pauliennes, l'une réelle, l'autre personnelle ; l'action réelle ne compète aux créanciers que contre des aliénations frauduleuses,
elle se donne contre tout détenteur. L'action
personnelle n'a été imaginée que plus tard ; elle
révoque tous les actes faits en fraude, elle tient
compte de la moralité des tiers acquéreurs, et
appartient ainsi à un système de perfectionne-
ment.

Enfin suivant un dernier système qui paraît
plus conforme aux textes et qu'à ce titre nous
préférons, l'action Paulienne des Institutes est
une application de la théorie des restitutions en
entier. Dans l'ordre historique, elle a suivi l'action personnelle. Et cette doctrine ne contrarie
nullement la loi de progrès qui a dû présider
aux institutions prétoriennes : en effet, si la
sphère de l'action personnelle était plus vaste
que ne l'est celle de l'action réelle, il faut bien
reconnaître qu'au cas d'insolvabilité du tiers
acquéreur, elle n'offrait aux créanciers qu'un
moyen illusoire; l'action réelle vint combler
cette lacune en leur procurant un droit de préférence, et sous ce rapport elle est un perfec-
tionnement de l'action personnelle. La législa-

tion romaine offre plusieurs exemples de ces restitutions en entier accordées à des créanciers auxquels compétait déjà une action personnelle, notamment au cas de l'action *quod metus causâ* (D. 4, 2, 9, § 7.). Les expressions employées par notre paragraphe 6 et l'analogie frappante qui existe entre ce paragraphe et celui qui le précède, confirment encore cette interprétation.

L'action réelle n'étant ainsi qu'une modification occasionnelle de l'action Paulienne personnelle et *in factum*, sur laquelle le Digeste donne tant de détails, c'est de celle-ci que nous traiterons spécialement.

Les jurisconsultes font remarquer la généralité des termes de l'édit, qui comprend, nous dit Ulpien, *omnem omnino in fraudem factam vel alienationem vel quemcumque contractum.* (L. 1, § 1. h. t.) La portée de cette action est donc immense : tout acte par lequel le débiteur s'appauvrit tombe sous son application, et notre tâche ici doit être d'énumérer, non pas ceux qui rentrent dans sa sphère, mais bien ceux qui par exception se trouvent en dehors.

Sous ce rapport, les textes présentent une distinction fondamentale des divers actes : ceux par lesquels le débiteur diminue son patrimoine ; ceux par lesquels il néglige ou refuse de l'augmenter ; cette seconde classe d'actes est à l'abri des critiques du créancier et abandonnée à la libre discrétion du débiteur ; *non fraudantur creditores, cum quid non adquiritur a debitore, sed cum quid de bonis diminuitur* (D. 50. 17. 134). Le débiteur a-t-il répudié une hérédité légitime ou testamentaire, ou bien un legs ; a-t-il émancipé son fils pour que l'hérédité profitât à celui-ci ; a-t-il aliéné son esclave pour qu'il fit adition par l'ordre de son nouveau maître ; s'est-il abstenu de l'hérédité paternelle, tous ces actes devront être respectés par ses créanciers. (D. 42. 8. 6. pr. et § 1 à 6.—Cod. 7. 75. 2 et 3.)

Mais cette distinction était effacée en faveur du fisc. Il pouvait faire révoquer même les actes par lesquels son débiteur refusait d'acquérir (D. 49. 14. 45, pr.)

Il est hors de doute que les créanciers pouvaient faire annuler les obligations frauduleusement contractées par leur débiteur (l. 3, pr. h. t.) Y avait-il exception à cette règle dans le cas où ces obligations nouvelles provenaient de l'acceptation d'une hérédité obérée ? Cet acte jouissait dans les mœurs romaines d'une grande faveur, et Ulpien (D. 42. 5. 1. pr.) met ce point en question ; il admet néanmoins que les créanciers auront quelquefois un recours, mais difficilement, et dans le cas seulement d'une fraude bien certaine.

Il est encore certains actes auxquels l'action Paulienne ne s'applique pas: ce sont les renonciations aux quartes Falcidie et Trébellienne (L. 19 et 20 h. t.); et voici le motif que les textes donnent de cette exception : *plenam fidem ac debitam pietatem secutus est exhibitionis, non creditores fraudavit.* C'est qu'en effet ces quartes n'avaient point été imaginées dans l'intérêt des créanciers, mais uniquement pour engager les héritiers à accepter les hérédités qui leur étaient déférées.

SECTION III.

Conditions de l'action Paulienne.

Une distinction toute rationnelle se présente ici, suivant la nature de l'acte dont la révocation est demandée; s'agit-il d'un acte à titre lucratif ou à titre onéreux ? Les deux cas sont mis à part dans les textes, et les conditions d'exercice de l'action varient au gré de cette distinction.

§ 1. *Actes à titre gratuit.*

Trois conditions doivent être réunies pour qu'il y ait lieu à la plainte des créanciers : l'antériorité de leur créance à l'acte argué de fraude, l'insolvabilité du débiteur au moment de l'acte et au moment de la vente des biens; l'intention frauduleuse du débiteur.

1º *Antériorité du droit des créanciers à l'acte.*

attaqué ; on conçoit parfaitement que les créanciers postérieurs à l'acte consenti par le débiteur ne puissent pas l'attaquer (L. 10, § 1, h. t.) Cet acte ne leur a pas causé de préjudice, et il n'a point été fait dans l'intention de leur nuire.

Cette règle souffre exception au cas où l'argent des créanciers postérieurs à l'acte a servi à désintéresser les créanciers antérieurs ; il s'opère alors une subrogation, et ces nouveaux creanciers, mis au lieu et place de ceux qu'ils ont satisfaits, pourront critiquer comme frauduleux les actes antérieurs à leur prêt (L. 10, § 1 ; l. 15 et 16 *h. t.*).

2° *Insolvabilité du débiteur au moment de l'acte et aussi au jour de la vente des biens.* — Si le débiteur était solvable au jour où il a fait l'aliénation, il n'a pas causé par cet acte de préjudice aux créanciers ; on ne peut pas dire non plus, à proprement parler, qu'il a agi avec intention frauduleuse, puisqu'on suppose que, l'acte consommé, il lui restait encore assez de biens pour payer ses créanciers. Il faut donc, pour que l'action compète aux créanciers, que le débiteur soit insolvable au moment de l'acte, ou qu'il le devienne par suite de cet acte (Inst. 1. 6. 3.). Mais cela ne suffit pas ; qu'importe aux créanciers que leur débiteur ait fait une donation en état d'insolvabilité, si depuis il est revenu à meilleure fortune et qu'en définitive ils soient payés. Ils n'ont pas d'intérêt à faire révoquer un acte qui ne leur nuit en rien (L. 10, § 1, h. t.); aussi doivent-ils discuter et faire vendre tout d'abord les biens du débiteur ; ce n'est qu'après cette vente et au cas d'insuffisance du prix qu'ils peuvent recourir à l'action Paulienne.

3° *Intention frauduleuse.*—Les termes de l'édit étaient formels à cet égard (L. 1, pr.), et la controverse que nous avons vu s'élever entre les jurisconsultes sur la portée de la loi Ælia sentia ne se produisit pas ici. Quel était le caractère de cette fraude? L'édit exigeait-il chez le débiteur cette volonté malicieuse de causer directement un tort à ses créanciers? ou se contentait-il d'une mauvaise foi plus vague et moins précise, qui consiste à créer ou à augmenter sciemment son insolvabilité ? C'est en ce dernier sens que les textes décident (L. 17, § 1.); autrement, en effet, la fraude serait impossible à prouver.

Tels sont les seuls faits que les créanciers doivent établir pour faire révoquer les actes de disposition gratuite consentis par leur débiteur; peu importe la bonne foi du donataire (L. 6, § 11), *nec videtur injuria affici is qui ignoravit, cum lucrum extorqueatur, non damnum infligatur;* c'est qu'en effet la loi ne peut maintenir la mauvaise disposition que le débiteur a faite de son patrimoine ; après avoir obligé ses biens pour obtenir crédit, il ne doit pas les dissiper en pure perte. —Toutefois la moralité du donataire n'est indifférente qu'au point de vue de la recevabilité de l'action, et elle reprend son importance quant aux effets et à la portée de cette action (L. 6, § 11): le donataire a-t-il participé à la fraude, il rendra tout ce qu'il a reçu; est-il resté en dehors de cette fraude, il serait inique de lui demander au-delà du profit qu'il a retiré de l'acquisition, et les créanciers ne pourront exiger davantage.

Nous devons donner place ici à certains actes que les créanciers font tomber plus facilement encore, en établissant seulement l'insolvabilité actuelle de leur débiteur; ce fait une fois prouvé, peu importe la date de l'acte, peu importe aussi la bonne foi qui l'a accompagné; ce sont les legs et les donations à cause de mort; *Infirmantur per œs alienum*, dit le jurisconsulte Ulpien (D. 35. 2. 66. § 1;—38. 5. 1. § 1; — 39. 6. 17) — D'Espeisses (contrats, 1 p. 377) pensait que les donations entre-vifs suivaient la même loi; mais cette assimilation, peut-être désirable, était assurément inconnue des Romains (D. 38. 5. 1, § 1).

§ 11 — *Actes à titre onéreux.*

Ici, une condition nouvelle doit être ajoutée à celles déjà indiquées, la mauvaise foi du tiers acquéreur, sa complicité avec le débiteur (L. 6, § 8); si l'acquéreur a traité de bonne foi, sans pensée de fraude, les créanciers n'ont aucun bon motif pour demander son expropriation. —

Quel était le caractère de cette complicité, exigée chez le tiers acquéreur? Suffisait-il qu'il sût que son vendeur avait des créanciers? Fallait-il de plus qu'il connût l'intention frauduleuse qui animait le débiteur, et qu'il s'y associât? C'est en ce dernier sens, et avec raison, que les textes se prononcent (L. 10, § 2 et 4).

Les jurisconsultes ajoutent que si le tiers a traité malgré les avertissements des créanciers, il sera considéré comme complice de la fraude du débiteur (L. 10, § 5); que si à l'inverse, il a traité du consentement des créanciers, il ne peut plus être inquiété par eux (L. 6, § 9).

Doit-on considérer comme frauduleux, l'acte d'un créancier de recevoir son paiement intégral d'un débiteur insolvable? Cette question, très-délicate en elle-même, les jurisconsultes romains ne semblent pas l'avoir résolue d'une manière uniforme. Un point qu'on peut toutefois considérer comme certain, c'est la nullité du paiement fait à l'un des créanciers après l'envoi en possession (L. 6, § 7; L. 10, § 16); cet envoi avait, en effet, pour conséquence, de dessaisir le débiteur de l'administration de ses biens, et de procurer aux créanciers un droit de gage prétorien qui les plaçait sur un pied d'égalité parfaite. Mais quel était le sort des paiements faits avant l'envoi en possession? Les textes portent à penser qu'ils étaient inattaquables (L. 6, § 6 et 7 ; L. 10, § 16 ; L. 24 — D. 50. 17. 129) ; et le motif est plusieurs fois répété par les jurisconsultes : *vigilavi ; meliorem meam conditionem feci ; jus civile vigilantibus scriptum est ; nihil dolo creditor facit qui suum recipit.* — Cependant certains textes (D. 42. 5. 6. § 2 — L. 24 h. t) font une distinction entre les paiements obtenus ou non *per gratificationem.* — Mais il est à remarquer que ces deux fragments statuent pour un cas spécial, celui du paiement fait par un pupille héritier sien, qui depuis s'est abstenu ; or il y avait à cet égard une règle particulière qui a dû amener la décision contenue dans ces lois, c'est qu'on ne maintenait les actes consentis par le pupille qu'autant qu'ils avaient été accomplis de bonne foi (D. 29. 2. 44.) ; le paiement fait *per gratificationem* n'ayant pas ce caractère, on comprend qu'on le rescindât.

Du reste, le paiement n'était respecté qu'autant qu'il était régulier et fait à l'échéance ; le débiteur n'a pas le droit de faire un paiement anticipé, avant le terme ; s'il a consenti un tel paiement, ses autres créanciers se feront dédommager de l'intérêt qu'ils avaient à ce que le paiement fût fait en son temps (L. 10, § 12 ; l. 17, § 2).

A l'égard de la constitution de gage, les textes distinguent si elle a eu lieu en même temps que l'obligation principale, ou si elle n'est intervenue qu'ultérieurement. Dans le premier cas, elle n'a rien de suspect, et il n'y a aucune raison spéciale pour l'annuler; elle est valable (L. 13).—Dans le second cas, la dation de gage se justifie moins facilement; cependant les textes décident que cette seule circonstance ne suffira pas pour la faire annuler; les créanciers devront encore établir la fraude du débiteur (L. 22; L. 10, § 13 ; L. 6, § 6).

Un acte d'une nature particulière, la constitution de dot, avait attiré l'attention des jurisconsultes romains, qui se demandaient (comme on se le demande encore aujourd'hui) s'il fallait y voir un acte à titre gratuit ou à titre onéreux. Dans le principe, la question fut controversée, puis on admit qu'il fallait distinguer entre le mari et la femme ; à l'égard du mari, on vit dans la dot un acte à titre onéreux ; le motif qu'on en donne est que *indotatam mulierem ducturus non fuerit*. Au contraire, pour la femme, c'était une libéralité (L. 25, § 1 et 2).

Enfin nous devons dire un mot du cas où le débiteur a traité avec une personne incapable. Supposons d'abord qu'il a fait affaire avec un pupille ; c'est le cas de la loi 6, § 10. Labéon, considérant que l'ignorance du pupille ne peut nuire aux créanciers, permet à ceux-ci de faire annuler la convention, par cela seul qu'ils sont fraudés, et sans s'inquiéter de la bonne foi du pupille.—Certains interprètes ont pensé que ce texte devait être restreint à l'hypothèse d'une donation ; — mais cette conjecture doit être écartée comme contraire à la généralité des termes de cette loi et aux idées d'équité qui présidaient à cette action.

La loi 10, § 5, suppose que le débiteur a traité, non plus avec le pupille, mais avec le tuteur. Elle dispose qu'on ne s'attachera qu'à l'intention du tuteur : a-t-il été complice de la fraude ? il y a lieu à la Paulienne ; toutefois, le pupille ne pourra être poursuivi que jusqu'à concurrence de ce dont il s'est enrichi. Le jurisconsulte ajoute qu'il en sera de même si le débiteur a traité avec le curateur d'un fou ou d'un adolescent.

Que si, enfin, un esclave ou un fils de famille a acheté du *fraudator* avec connaissance de son insolvabilité, le maître ou le père de famille qui a ignoré cette fraude ne pourra être poursuivi que jusqu'à concurrence de ce qui lui est parvenu, ou par l'action *de peculio vel de in rem verso*. Mais si le maître a connu l'insolvabilité du débiteur, il pourra être actionné directement et en son nom (L. 6, § 12).

Il est à remarquer que, dans toutes les modifications apportées aux conditions de la Paulienne, et que nous venons de parcourir, les jurisconsultes motivent leurs décisions, bien moins sur les règles abstraites du droit, que sur des idées d'équité, *quia ea ratione nemo frau-detur;.. quoniam magis detrimentum non patitur quàm lucrum faciat.....* C'est qu'en effet, c'était avant tout une pensée d'équité qui avait dicté la Paulienne, et que, plus on s'attachait à cette pensée, plus on s'associait à l'esprit et au but de cette action.

SECTION IV.
A qui cette action est donnée.

La Paulienne a été imaginée pour sauvegar-der les droits des créanciers et les mettre à l'a-bri de la déloyauté du débiteur (L. 1, § 1). C'est donc aux créanciers qu'il appartient d'en user, pourvu, d'ailleurs, comme nous l'avons établi, que leur droit soit antérieur à l'acte qu'ils veu-lent critiquer, ou qu'ils aient succédé par sub-rogation à un créancier antérieur (L. 15 et 16). — On peut conjecturer que cette action compé-tait aux créanciers à terme ou conditionnels comme aux créanciers purs et simples (D. 40. 9. 27, pr. — 44. 7. 42, pr. — 50. 16. 54), aux créanciers hypothécaires comme aux chiro-graphaires. Tel est, du moins, le sentiment de Perez et de Voët. Peu importe, d'ailleurs, la cause de la créance, contrat, délit ou quasi-dé-lit, car le texte de l'édit est général et s'adresse à tous les créanciers. — Ceux-ci étant envoyés en possession sont représentés dans la pour-suite par un *magister* ou *curator*, sorte de syn-dic agissant au nom de tous (L. 1, pr.).

Cette action était donnée aux héritiers et autres successeurs des créanciers. (L. 10, § 25 ; L. 21). Mais jamais le débiteur n'eut cette action ; bien qu'il pût regretter l'acte qu'il avait consenti, il n'en pouvait demander la révocation, ni lui, ni ceux qui le représentaient (C. 7. 75. 4.)

Notons enfin la décision des § 7 et 8 de la loi 10 : Ulpien suppose que la fraude n'a existé qu'à l'égard de l'un des créanciers ; les autres créanciers pourront-ils exercer la Paulienne, si celui qu'on a voulu léser a été désintéressé ? Ils ne le pourront pas ; en effet, à leur égard les conditions de notre action n'existent pas. .

SECTION V.

Contre qui l'action est donnée.

Le préteur indique tout d'abord dans son édit comme soumis à l'action les tiers qui ont traité avec le débiteur (L. 1, pr.), principe qui doit être complété par la distinction que les textes établissent entre les acquéreurs à titre onéreux et ceux à titre lucratif ; les premiers ne tombent sous l'application de l'édit qu'autant qu'ils sont de mauvaise foi ; quant aux seconds, peu importe à cet égard leur moralité (l. 6, § 11 et 8 ; C. 7. 75. 5). On ne se préoccupe pas du point de savoir si le tiers est encore en possession de l'objet qu'il a frauduleusement acquis ; s'il l'a vendu, il rendra aux créanciers le prix qu'il en a reçu (l. 9). L'action est également donnée contre les héritiers du tiers, jusqu'à concurrence de ce qui leur est parvenu par suite de la fraude de leur auteur (L. 10, § 25 ; L. 11). Il est encore certaines personnes qui, sans avoir été complices de la fraude, sont tenues de rendre ce qui est arrivé jusqu'à elles, ce sont les pères de famille et les maîtres au cas où leurs fils ou leurs esclaves ont reçu quelque chose du débiteur (L. 6, § 12) ; ce sont aussi les pupilles à raison des actes passés de mauvaise foi entre leur tuteur et le débiteur (L. 10, § 5). Telle est la décision pour l'hypothèse où les pères de famille et les maîtres sont restés étrangers à la fraude ; que s'ils l'ont connue, ils seront tenus personnellement (L. 6, § 12).

Les sous-acquéreurs sont traités comme les acquéreurs primitifs : tiennent-ils la chose d'un tiers contre lequel la Paulienne ne compétait pas, elle ne sera pas donnée contre eux ; tiennent-ils d'un tiers qui était soumis à l'action par suite de la nature de son titre ou de sa mauvaise foi, ils y seront soumis eux-mêmes s'ils ont traité à titre gratuit, ou si, acquéreurs à titre onéreux, ils ont été complices de la fraude. (L. 9).

Mais ce ne sont pas seulement les tiers qui peuvent être poursuivis ; le débiteur lui-même peut être défendeur à cette action (L. 1, pr, L. 25, § 7. — C. 7. 75. 6), bien qu'il semble inutile et contraire aux principes de poursuivre un homme dont les biens sont vendus ; mais on ne s'arrêta point à ces critiques, et l'action était donnée contre lui comme châtiment de sa fraude, *Prætor non tantum emolumentum actionis intueri videtur in eo qui exutus est bonis, quam pœnam*, nous dit Vénuleius. Toutefois une constitution de Dioclétien et de Maximien (C. 7. 75. 6), déclare que les créanciers ne peuvent poursuivre le débiteur sur ses nouveaux biens que *in quantum facere potest.*

SECTION VI.

Des effets de l'action Paulienne.

Le but de cette action était de réparer le préjudice injustement causé aux créanciers par le dol de leur débiteur ; elle rescindait l'acte frauduleux et remettait les choses dans l'état où elles étaient avant cet acte ; un objet corporel a-t-il été aliéné, il rentrera dans la masse ; et si l'acquéreur l'a lui-même transmis à un tiers que cette action ne peut atteindre, le premier acheteur rendra aux créanciers le prix qu'il a touché (L. 9). Le débiteur a-t-il frauduleusement fait remise d'une dette par acceptilation ou pacte, l'obligation renaîtra au profit des demandeurs (L. 10, § 22.— C. 7. 75 6); et elle renaîtra avec son caractère et ses modalités, avec sa condition ou son terme, si elle en était affectée primitivement (L. 10, § 23).

Mais la satisfaction due aux créanciers serait incomplète si elle était bornée à la restitution du capital aliéné par le débiteur. Les produits doivent aussi leur être rendus, ou pour employer l'expression du texte, *res restitui debet cum sua causa* (L. 10, § 19); toutefois des distinctions sont faites à cet égard selon la bonne ou la mauvaise foi du défendeur et selon la nature de l'acte révoqué. Supposons d'abord une aliénation faite à un tiers de bonne foi : les principes généraux, s'il fallait les suivre en notre matière, lui laisseraient tous les fruits consommés de bonne foi (D. 41, 1. 48, pr. et § 1.—C. 3. 32. 22.); mais ici d'autres règles sont tracées : on considère les fruits qui adhèrent au sol au jour de l'aliénation comme faisant partie de la chose du débiteur aussi bien que le fonds lui-même (L. 25, § 4). Ces fruits, de même que ceux recueillis après la *litis contestatio*, font retour aux créanciers ; les fruits du temps intermédiaire forment l'indemnité du possesseur, la récompense de sa bonne foi. Même distinction à l'égard du part de l'esclave. (L. 25. § 5).

Le motif de cette disposition en indique les limites : appliquée à un tiers complice de la fraude, elle léserait les droits de créanciers légitimes au profit d'un indigne ; nous pensons donc que c'est à tort que certains auteurs ont généralisé ces textes, et rejeté une distinction exigée par l'équité et par l'esprit général de l'institution prétorienne dont nous traitons, autant que par plusieurs fragments du Digeste, qui renvoient pour ce cas, et d'une manière très précise à l'application des principes généraux ; d'après ces principes le possesseur de mauvaise foi doit restituer tous les fruits, non seulement ceux qu'il a perçus, mais aussi ceux qu'il eût dû percevoir (D. 6. 1. 33). Sans doute il existe une différence entre celui qui sait acheter *a non domino* et celui qui sait acheter d'un propriétaire qui fraude ses créanciers ; mais cette différence n'a pas de conséquences au point de vue qui nous occupe ; la Paulienne est fondée sur l'équité, et le préteur ne permet pas que des tiers de mauvaise foi réalisent un gain illégitime en présence de créanciers non payés ; *iniquum enim prætor putavit in lucro morari cum qui lucrum sensit ex fraude* (L. 10, § 24). Tel est le sens de la loi 10, § 19, 20, 21 et 22, que vient encore confirmer la loi 38, § 4, *de usuris*, qui s'exprime ainsi : « *In Faviana et Pauliana.... fructus quoque restituuntur ; nam prætor id agit ut perinde sint omnia atque si nihil alienatum esset.* »

Mais cette distinction n'existe pas quand il s'agit de rétablir une obligation que le débiteur a frauduleusement éteinte ; dans ce cas, on se demande seulement, sans s'inquiéter de la bonne ou mauvaise foi du débiteur libéré, si cette obligation produisait ou non des intérêts par sa nature ou par suite d'une stipulation ; si elle en produisait, ils seront payés aux créanciers comme s'il n'était point intervenu d'acceptilation. (L. 10, § 22.)

Les créanciers demandent la réparation d'un préjudice injustement causé ; mais eux-mêmes commettraient une iniquité s'ils ne tenaient pas compte au défendeur des dépenses nécessaires par lui faites, et qui ont conservé leur gage, comme aussi de celles auxquelles ils ont consenti ; telle est en effet l'obligation qui pèse sur eux. (L. 10, § 20.)

De même, quant aux fruits, ils n'y peuvent prétendre, qu'à la charge de rembourser au possesseur les frais de labour, semence et récolte qui les ont produits et conservés (D. 22. 1. 46.—6. 1. 48); l'exception de dol accordée au défendeur lui assure ces remboursements.

L'équité, qui forme la base de cette action, exige également que les créanciers restituent au défendeur le prix ou la partie du prix que celui-ci a payé et dont ils ont profité ; mais si ce prix a été dissipé par le débiteur, on n'en tiendra nul compte au tiers ; les créanciers doivent lui être préférés. (L. 7 et 8.)

Si le tiers ne possède ni la chose même ni sa valeur, mais que des actions lui compètent sur cette chose, il devra les céder aux créanciers (L. 14.)

SECTION VII.

Durée de l'action Paulienne.

L'action Paulienne, ayant pour effet de rescinder un acte valable selon le droit civil (D. 18. 1. 26), avait été limitée par le préteur à la durée d'une année, *quia contra jus civile datur* (D. 44. 7. 35. — L. 1, pr.; L. 10, pr.) L'année était utile, exclusivement composée de jours fastes (L. 6, § 14.) Justinien substitua à ce délai un délai continu de quatre années (C. 2. 55. 7.) — Le point de départ de ce délai était le jour de la vente des biens. Certains auteurs le font remonter au moment de l'acte attaqué; mais cette opinion, démentie par les textes, est en même temps peu compatible avec le caractère et la nature de cette action ; on comprend en effet que l'acte frauduleux sera le plus souvent dissimulé et ne viendra à la connaissance des créanciers que lorsqu'envoyés en possession des biens de leur débiteur, ils en feront en quelque sorte l'inventaire et la discussion. D'ailleurs, le doute n'est pas possible, en présence de la loi 1, pr.; loi 10, pr.; loi 6, § 14, et surtout de la loi 10,

§ 18, ainsi conçue : « *Annus hujus in factum ac-tionis computabitur ex die venditionis bonorum.* »
— Du reste, l'année expirée, les créanciers ne sont pas entièrement forclos. Ils ne peuvent plus agir *in solidum*, mais ils le peuvent jusqu'à concurrence du bénéfice que le défendeur a retiré de l'acte frauduleux (L. 10, § 24); et le motif de cette disposition est encore l'équité, *iniquum enim prætor putavit in lucro morari eum qui lucrum sensit ex fraude; idcirco lucrum ei extorquendum putavit.*

TROISIÈME PARTIE.

—

ANCIEN DROIT FRANÇAIS.

Il est impossible de révoquer en doute l'existence de l'action révocatoire dans notre ancienne jurisprudence, qui, bien loin de méconnaître la sagesse et la nécessité de cette institution, l'a au contraire élargie et complétée en faisant disparaître plusieurs distinctions plus ingénieuses qu'exactes. Aussi voyons-nous Rousseau de Lacombe, lorsqu'il prétend que cette action a disparu de nos mœurs, tomber dans une contradiction. En effet, après avoir dit : « Nous ne suivons en aucun point les titres D. et C. *quæ in fraudem*..... Nos usages sont même contradictoirement opposés aux lois romaines sur ce point » ; il ajoute : « Nous accordons au créancier la faculté d'accepter à ses risques une succession ou un legs auxquels son débiteur a renoncé, contre la loi 6 *quæ in fr.* et la loi 134 *de reg. jur.* » (Jurispr. civ. V° fraude). Qui ne voit que cette faculté accordée au créancier n'est qu'une extension et un développement heureux de la théorie romaine ? Que si cette faculté contredit la décision d'une loi spéciale, elle n'est qu'un nouveau corollaire du vieux principe ?

Il faut donc reconnaître, avec la plupart de nos anciens jurisconsultes, que l'action révocatoire était appliquée de leur temps ; Domat lui a consacré un titre spécial dans son traité des lois civiles ; Pothier, bien qu'il n'en parle pas d'une manière bien étendue, en rapporte néanmoins les applications dans de nombreux passages de ses ouvrages.

Le doute ne peut donc exister à cet égard.

Quant à cette phrase de Lebrun dans son Traité des successions (4, 2, 1, 20) : « Le titre « *quæ in fraudem* n'est pas d'un grand usage « parmi nous, » il suffit, pour en comprendre la portée, de la rapprocher de ce passage de Domat : « Il faut remarquer, sur cette matière des « fraudes qui se font au préjudice des créanciers, « que les fraudes que peuvent faire des débi-« teurs par des dispositions de leurs immeubles, « sont bien moins fréquentes parmi nous qu'el-« les ne l'étaient en droit romain, car on y con-« tractait souvent sans écrit, et l'hypothèque « même pouvait s'acquérir par une convention « non écrite, et par un simple pacte, ce qui ren-« dait les fraudes faciles. Mais par notre usage, « toutes conventions qui excèdent la valeur de « cent livres doivent être écrites, et l'hypothè-« que ne s'acquiert que par des actes passés « pardevant des notaires, ou par l'autorité du « juge. Ainsi les créanciers ont leur assurance

« sur les immeubles par leur hypothèque, qu'on
« ne peut leur faire perdre que par des actes
« faux; ce qui est difficile, car il faut que l'acte
« faux soit fabriqué par les notaires mêmes, ou
« par des personnes qui imitent leurs seings. »
Ainsi, pour nous résumer, notre ancienne jurisprudence connut l'action révocatoire; elle éten-
dit même son application; seulement, par les
motifs que nous venons de voir, cette action y
fut d'un usage moins fréquent que dans le droit
romain.

Ceci établi, nous devons mettre en relief les
principales innovations de notre ancien droit
sur ce point. — La législation romaine offrait
au créancier un remède contre la mauvaise foi
de son débiteur; mais aucun recours ne lui était
donné contre sa négligence. L'ancien droit français combla cette lacune en permettant aux
créanciers de se faire subroger dans les droits
et actions de leurs débiteurs, au cas d'inaction,
ce que Pothier exprimait, en disant : « Des
« créanciers sont reçus, soit du vivant, soit
« après la mort de leur débiteur, à exercer tous
« les droits qui appartiennent à leur débiteur
« ou à sa succession. » (Communauté, n° 394).—
Cette idée nouvelle, fort importante, et qui a été
pleinement adoptée par les lois modernes (C. N.,
art. 1166), sort des limites de ce travail. Nous la
notons seulement comme un complément heu-

reux des mesures protectrices des droits des créanciers.

Une autre innovation, qui appartient en entier à la théorie de l'action révocatoire, élargit la classe des actes qu'il est permis aux créanciers de faire révoquer, en restreignant l'étendue de la règle romaine, qui ne considérait pas comme susceptibles de fraude les actes par lesquels le débiteur refusait d'acquérir. Les renonciations à une succession, à un legs, à une communauté, à un droit d'usufruit, à un fidéicommis, furent avec raison soustraites à l'application de cette règle. Cependant cette doctrine ne s'établit pas d'une manière uniforme et en même temps dans les diverses provinces.

Ainsi, d'abord, en ce qui concerne la renonciation à une succession, Dumoulin ne pensait pas que la règle romaine fût abrogée; il ne voyait pas là un acte que les créanciers pussent attaquer, et certains arrêts des Cours de justice des pays de droit écrit ont statué en ce sens (Aix, en 1644 et 1647). — Mais cette opinion ne prévalut pas : la coutume de Normandie avait consacré dans un article spécial (art. 178) ce droit des créanciers. Plusieurs arrêts cités par Louët dans sa collection, ont également décidé que les créanciers pouvaient attaquer la renonciation que le débiteur a faite d'une succession à lui déférée. Enfin cette doctrine était enseignée

par presque tous les jurisconsultes, notamment
par Lebrun, Domat et Pothier; ce dernier s'exprimait ainsi : « Lorsqu'un débiteur insolvable
« refuse d'accepter une succession opulente en
« fraude de ses créanciers, pour empêcher qu'ils
« ne soient payés sur les biens qui lui revien-
« draient de cette succession, les créanciers sont
« reçus à l'accepter pour lui. » C'est qu'en effet,
comme le fait remarquer Boutaric (Inst. l. IV
t.6 , § 6), c'était une suite nécessaire de la règle
le mort saisit le vif; ou bien l'on peut dire d'une
manière plus générale avec Pothier : « Il est
« vrai que les choses mêmes qui composaient
« la succession à laquelle j'ai renoncé ne m'ont
« jamais appartenu ; mais le droit de recueillir
« cette succession est un droit qui m'a appartenu
« lorsque la succession m'a été déférée ; ce droit
« était de même valeur que les choses qui en
« faisaient l'objet ; il faisait partie de mon bien,
« et en le perdant volontairement, j'ai diminué
« mon bien d'autant. » (Donat. entre mari et
femme, n° 88).

On peut remarquer du reste que si la jurisprudence coutumière était d'accord pour l'ad-
mission de ce principe, elle était très variée
quant au mode d'exécution : tantôt le débiteur
est contraint de faire cession de ses droits à ses
créanciers; tantôt il est forcé de se porter héritier pour leur compte ; tantôt enfin la renoncia-

tion est annulée, et les biens directement attri-
bués aux créanciers.

Nos anciens auteurs ont aussi supposé le cas
où le débiteur accepte frauduleusement une
succession obérée : Lebrun et Pothier permet-
taient aux créanciers de faire rescinder cette
acceptation, tout en maintenant pour le cas de
bonne foi le principe romain suivant lequel les
créanciers de l'héritier ne peuvent pas demander
la séparation des patrimoines. D'autres auteurs
allaient plus loin encore et n'appliquaient plus
le principe romain.

Les droits des créanciers furent également
protégés contre la renonciation frauduleuse que
la femme fait à la communauté (Pothier, communauté, n° 533).

Quant à la restitution anticipée d'un fidéicommis, la dissidence était plus marquée entre
les jurisconsultes et les arrêts. Ricard et les
pays de droit écrit soutenaient que les lois romaines n'autorisaient pas la critique de cet acte,
et que cette règle devait toujours être suivie ; à
moins toutefois, ajoute Ricard (substitutions,
part. 2, ch. 10), que les présomptions de fraude
ne soient plus violentes que celles de la bonne
foi. L'article 42 de l'ordonnance de 1747 sur les
substitutions résolut la question en faveur des
créanciers, en leur permettant, au cas de restitution anticipée, d'exercer sur les biens substi-

tués, les mêmes droits et actions que s'il n'y avait point eu de restitution.

Enfin un dernier acte sur la nature duquel nous voyons des doutes sérieux s'élever entre les anciens jurisconsultes, est la renonciation par le père à son droit d'usufruit légal. Chabrol, (Cout. d'Auvergne, ch. XI, question 8,) ne permettait pas aux créanciers de la critiquer. D'autres, au contraire, leur reconnaissaient ce droit, même dans le cas d'une émancipation.

Il nous reste à voir quelles conditions devaient se trouver réunies dans ces divers cas pour que les créanciers fussent recevables à se plaindre. Ici encore l'harmonie était peu grande entre les auteurs, les uns suivant les doctrines romaines, d'autres un système plus favorable aux créanciers ; Denizart (V° fraude) enfin, tenant un avis intermédiaire, sorte de conciliation de fait entre ces deux doctrines. Remarquons seulement que les textes législatifs que nous avons cités, la coutume de Normandie (art. 178) et l'ordonnance sur les substitutions (art. 42) n'exigeaient pas, au moins d'une manière expresse la fraude du débiteur ; tel est le point de départ d'une doctrine professée encore de nos jours, et suivant laquelle la fraude est présumée dans tout acte de renonciation. Toutefois nous devons ajouter que ce système, adopté par Furgole et d'autres auteurs, était repoussé par les meilleurs esprits, notamment par Ricard (substitutions, chap. X part. 2) et par Pothier, qui dans plusieurs de ses traités établit en principe que même en fait de renonciations, la fraude du débiteur est la seule base de la plainte des créanciers (Pothier, succ. ch. 3, sect. 1, §3. Communauté, n° 533).

Notons en terminant, que, d'après le témoignage de Furgole (testaments, ch. XI n° 24) et de Ricard (donations, n° 755), l'action révocatoire durait 30 ans.

QUATRIÈME PARTIE.

LÉGISLATION ACTUELLE.

(Cod Nap. art. 1167, 622. 788, 882, 1053. 1464. 2225.)

SECTION PREMIÈRE.

Fondement de l'action révocatoire. Conditions auxquelles elle est soumise.

Nous avons déjà fait remarquer que dans le droit actuel les créanciers ont pour gage général le patrimoine actuel et futur de leur débiteur ; c'est ce patrimoine qu'ils feront saisir et vendre s'ils ne sont pas payés. Mais malgré ce droit des créanciers, le débiteur ne cesse point d'être propriétaire ; il en conserve toutes les prérogatives ; il peut modifier, convertir, aliéner ce patrimoine. Le droit de gage des créanciers est un droit imparfait qui ne survit pas à l'aliénation de l'objet sur lequel il frappait.

Des exceptions ont été apportées, et ont dû l'être à cette pleine capacité du débiteur ; c'est de l'une d'elles que nous avons à traiter, de celle que l'article 1167 du Code Napoléon à formulée en ces termes : « Les créanciers peuvent « aussi, en leur nom personnel, attaquer les « actes faits par leur débiteur en fraude de leurs

« droits. Ils doivent néanmoins, quant à leurs
« droits énoncés au titre des successions et au
« titre du contrat de mariage et des droits res-
« pectifs des époux, se conformer aux règles
« qui y sont prescrites. »

Du reste, cet article n'est pas la seule disposition que le législateur ait consacrée à cette matière ; plusieurs autres sont également relatifs à
l'action révocatoire ; et malheureusement la rédaction de ces divers textes n'est point homogè-
ne ; les uns (art. 622, 788, 1053) ne parlent que de
préjudice ; d'autres se servent du mot *fraude*
(1447. 1464) ; enfin l'art. 2225 n'indique dans ses
termes aucune condition d'exercice de l'action.

Faut-il s'attacher à ces variantes de style et
appliquer textuellement chaque article à la matière qu'il régit, sans se préoccuper des autres
dispositions de la loi ? ou bien faut-il établir des
distinctions entre les divers actes par lesquels
un débiteur peut nuire à ses créanciers ? ou bien
enfin ne faut-il voir dans la loi qu'un système
unique sans tenir compte des différences de rédaction ?

Chacune de ces idées compte ses partisans, et
les meilleurs esprits sont partagés sur ce point
entre plusieurs systèmes que nous devons examiner.

Suivant une première opinion, le Code a établi une distinction entre les actes à titre onéreux et les actes à titre gratuit. Les premiers ne peuvent être critiqués par les créanciers qu'autant que les deux conditions de fraude et de préjudice se trouvent réunies; les seconds devront être révoqués par cela seul qu'ils préjudicient aux créanciers. Ce système assurément est très-simple, très-équitable, et il serait à souhaiter que ce fût celui du Code. Mais nous ne pensons pas qu'il en soit ainsi. Les partisans de cette doctrine, indépendamment des considérations qu'ils font valoir, s'appuient aussi sur des textes. Ils font remarquer que les articles 622, 788 et 1053, qui traitent d'actes à titre gratuit, n'exigent que le préjudice.

Nous aurons occasion d'établir en développant un autre système qui nous semble celui de la loi, qu'il ne faut pas attacher d'importance à la rédaction que présentent ces articles. Disons seulement ici que l'article 1464, qui suppose également un acte à titre gratuit, n'admet l'action révocatoire qu'au cas de fraude, ce qui n'aurait pas eu lieu, si la doctrine du législateur avait été celle des auteurs que nous combattons. Mais une raison plus générale, qui doit faire écarter ce système, c'est que nulle part on n'aperçoit que le législateur ait admis le fondement sur lequel il repose. Les rédacteurs du Code avaient sous les yeux la législation romaine qui, tout en distinguant avec soin les actes à titre onéreux et ceux à titre gratuit, ne tira point de cette distinction la conséquence qu'on propose. Le législateur français a suivi ces idées ; il ne reconnaît qu'une seule cause de révocation, la fraude du débiteur ; en dehors de la fraude, il voit un propriétaire, un homme capable de disposer de ses biens. S'il avait entendu élargir sous ce rapport l'action révocatoire ; s'il avait adopté l'innovation remarquable dont nous parlons, il en resterait des traces, non-seulement dans le Code, mais aussi dans la discussion et dans les discours des orateurs ; il ne serait pas allé placer sa découverte dans une expression obscure d'un article de détail ; il l'aurait exprimée comme un principe, et nous la trouverions dans l'art. 1167.

De plus, ce système, qui changeait la base de l'action Paulienne, ne pouvait pas être admis sans conteste. Défendu par ceux qui veulent avant tout donner des garanties aux créanciers, il aurait été combattu par les partisans du droit romain, par les légistes des pays de droit écrit, par ceux enfin qui voient dans le débiteur un propriétaire capable de disposer, et dans les créanciers des hommes qui ont suivi sa foi. En un mot, l'innovation qu'on propose est véritablement un changement de principe ; or les principes nouveaux sont toujours établis d'une manière claire, saillante, après discussion des avantages et des inconvénients qu'ils peuvent offrir. Puis enfin, s'il était vrai que d'après l'économie du code Napoléon les créanciers peuvent faire révoquer un acte à titre gratuit par cela seul qu'il leur préjudicie, comprendrait-on la théorie des articles 446 et 447 du code de commerce? Evidemment si déja et de droit commun la fraude était présumée dans les actes gratuits, ces articles d'exception n'auraient point été rédigés comme ils le sont. Il faut donc reconnaître que, quelque désirable que soit en elle même l'adoption de cette doctrine, ce n'est pas celle de la loi.

Un second système faisant la brèche moins grande au principe de l'article 1167, ne place en dehors de ses prescriptions que les actes de renonciation, à l'égard desquels le simple préjudice suffit. On fait remarquer d'abord qu'une renonciation à un droit est un acte insolite, qui ne se justifie pas comme une donation directe, et que l'on conçoit très bien que la fraude soit présumée dans un acte de cette nature.

D'un autre côté, on ajoute qu'il y a une grande différence entre la donation, qui est faite dans le but d'enrichir un tiers, et la renonciation à un droit, qui ne comporte pas cette idée. On invoque la rédaction des articles 622, 788 et 1053 et l'histoire de cette rédaction ; on corrige l'article 1464.

Nous ne pouvons nous ranger à cet avis ; est-il bien vrai, d'abord, que toute renonciation à un droit soit un acte insolite et que rien ne justifie ? Nous ne le pensons pas : un débiteur ne fait certes pas un acte plus suspect en renonçant à une succession ou à un droit d'usufruit qu'en faisant une donation, ou, pour mieux dire, cette renonciation à un droit qui faisait partie de ses biens n'est-elle pas une véritable donation ? Qui peut affirmer qu'elle n'est pas faite dans le but d'enrichir celui auquel ce droit compétera, à défaut du renonçant ? Quant au texte des articles qu'on invoque, il faut le rapprocher des articles 1167 et 1464 pour avoir la véritable pensée du législateur. — Nous aurons occasion d'établir ultérieurement ce rapprochement.

Un troisième système, qui paraît adopté par la jurisprudence se traduit dans l'interprétation littérale des diverses dispositions de la loi sur l'action révocatoire; renonçant à appliquer ces dispositions l'une par l'autre, il les applique telles qu'elles sont conçues, se contentant du préjudice avec les articles 622, 788 et 1053, exigeant la fraude avec l'art. 1464.

Cette doctrine, d'après laquelle le législateur n'aurait eu aucune unité dans ses plans, nous ne pensons pas qu'elle soit imposée par les textes. Il nous semble impossible que les ré-

dacteurs se soient écartés de la théorie uniforme du droit romain et de Pothier pour adopter
un système incohérent et que rien ne justifie.

Nous nous rangeons à un dernier avis, suivant lequel les créanciers ne peuvent attaquer
un acte de leur débiteur, qu'à la charge d'établir, non-seulement que cet acte leur préjudicie,
mais encore qu'il a été accompli avec fraude.
Le Code n'a point été fait dans un esprit d'innovation ; il a adopté les idées du droit romain et
de Pothier. Il a placé dans l'article 1167 le principe de la matière ; c'est cet article qui nous
présente la théorie de la loi. Les autres articles
qui se trouvent disséminés dans d'autres parties
ne sont que des corollaires de la règle générale ; il ne faut pas tenir compte des diffférences
de rédaction qui peuvent exister entre ces diverses dispositions. Cette observation, qui trouve
son application dans plusieurs parties de nos lois
est surtout fondée dans la matière qui nous
occupe : en effet, les rédacteurs du Code ren-
contrèrent tout d'abord dans leurs travaux, et
comme premières applications de l'action révocatoire, la renonciation à un droit d'usufruit et
la renonciation à une succession ; ils acceptèrent le mot *préjudice*, que leur offrit le tribunal
de cassation ; ils l'acceptèrent sans discussion
et provisoirement, parce que le moment n'était
pas arrivé de décider définitivement quel serait

le fondement de cette action. C'est lorsqu'ils rédigèrent l'article 1167, siége de la matière, qu'ils résolurent cette question, et le texte de cet article nous dit assez dans quel sens. L'article 1464 est la preuve manifeste de ce que nous avançons : il statue sur un acte à titre gratuit, sur une renonciation, comme les articles 622 et 788 ; pourquoi donc y trouvons-nous le mot *fraude* et non celui de *préjudice?* Par un motif très-simple, c'est que l'article 1167 était écrit, les idées fixées sur le principe de l'action, et qu'il ne s'agissait plus que de tirer une consé·quence de la règle adoptée.

Veut-on une autre preuve de la pensée qui animait les rédacteurs du Code? L'art. 1167 nous la fournira dans son deuxième alinéa, qui est ainsi conçu: « Les créanciers doivent néanmoins quant à leurs droits énoncés au titre des successions et au titre du contrat de mariage, se conformer aux règles qui y sont prescrites. » Les rédacteurs avaient donc présentes à l'esprit les dispositions qu'ils avaient déjà formulées sur la matière ; ils se rappelaient les articles 622, 788, 832 ; pourquoi dès lors se borner à renvoyer à l'article 882? n'est-il pas évident que si les articles 622 et 788 contenaient également exception au principe, l'article 1167 les aurait compris dans son renvoi?

Toutefois l'importance que l'on a attachée aux

travaux préparatoires du Code sur ce point nous engage à les examiner avec plus de détail. Nous y trouverons la confirmation de ces idées.

Dans le projet de Code civil de l'an VIII les dispositions correspondantes aux art. 622 et 788, étaient ainsi conçues (art. 622): « si la renoncia- « tion est faite *en fraude* des créanciers de « l'usufruitier, ils peuvent la faire annuler. » — Art. 788 : « Les créanciers de celui qui renonce « *en fraude et au préjudice* de leurs droits, peu- « vent attaquer la renonciation et se faire au- « toriser en justice à accepter la succession du « chef de leur débiteur et en son lieu et « place. » Ainsi l'idée des rédacteurs du projet était que les renonciations elles-mêmes doivent être respectées par les créanciers si elles ont été faites de bonne foi et sans désir de nuire.—

Le tribunal de cassation voyait autrement les choses, et il substitua aux articles du projet, les deux dispositions suivantes ; art. 622 : « si la « renonciation de l'usufruitier est faite *au pré-* « *judice* des créanciers, ils peuvent la faire an- « nuler. » — Art. 788 : « Les créanciers de « celui qui renonce *au préjudice* de leurs droits « peuvent attaquer.... » Et l'une et l'autre pro- position était accompagnée d'une note dans la- quelle le tribunal expliquait sa pensée, à savoir que ces deux actes sont d'une telle nature qu'il n'est point indispensable pour les attaquer d'établir la fraude, et qu'il suffit qu'ils soient préjudiciables.

Le doute est donc impossible sur la portée de cette rédaction nouvelle dans l'esprit du tribunal ; c'est la doctrine de Furgole préférée à celle de Pothier. — Ces deux articles ainsi corrigés passèrent dans les projets présentés au conseil d'État, et furent enfin définitivement adoptés, et cela sans discussion. — Si ces dispositions réglaient à elles seules la théorie de l'action révocatoire, il faudrait reconnaître que le Code a abandonné le système romain et celui de Pothier ; mais il n'en est point ainsi ; ce n'étaient là que des pierres d'attente ; le principe restait à établir, et voici comment il le fut :

L'article du projet correspondant à l'article 1167 était ainsi conçu : « Les créanciers ne peu-
« vent attaquer, *sous prétexte de fraude* à leurs
« droits, les actes faits par leur débiteur que
« dans les deux cas suivants : 1° lorsqu'il s'agit
« d'actes réprouvés par la loi concernant les
« faillites ; 2° lorsqu'il s'agit d'une renonciation
« faite par le débiteur à un titre lucratif, tel
« qu'une succession ou une donation, à la
« charge..... » La pensée de la commission du gouvernement était donc de restreindre d'une manière notable la portée de l'action Paulienne, qui, d'après le texte ne devait plus recevoir d'application que dans le cas d'actes à titre gratuit

et en matière de faillite. — Voici comment le tribunal de cassation traduisit cette pensée : « Les créanciers peuvent aussi, en leur nom « personnel, attaquer tous actes faits par leur « débiteur *en fraude* de leurs droits. *Sont tou-* « *jours réputés faits en fraude* des créanciers les « actes réprouvés par la loi concernant les fail- « lites, ainsi que la renonciation faite par le « débiteur à un titre lucratif, tel qu'une suc- « cession ou une donation. » Assurément rien n'est plus clair que cet article proposé par le tribunal; c'est la consécration du système que nous avons exposé tout d'abord, et suivant lequel les actes du débiteur sont divisés en deux grandes classes; ceux à titre onéreux, qui seront respectés toutes les fois qu'ils sont faits sans fraude; ceux à titre gratuit, que les créanciers feront tomber toutes les fois que ces actes leur nuiront. Logique avec lui-même, le tribunal de cassation se rappelait les articles 622 et 788 qu'il avait dictés au législateur, et arrivé au siége de la matière, à l'article qui contenait le principe de l'action, il rappelait ces dispositions premières, et posait en règle générale la distinction qu'il croyait utile d'adopter.

Mais que devint cette distinction? Que devint l'article qui la formulait? Il disparut, et dans le projet présenté en l'an XII au conseil d'État, nous le trouvons remplacé par les deux textes suivants ; Art. 62 : «Les créanciers peuvent aussi « en leur nom personnel attaquer tous actes faits « par leur débiteur en fraude de leurs droits. » Art. 63 : « Lorsqu'un débiteur a renoncé à une « succession, le créancier peut l'accepter du chef « de son débiteur. Le créancier peut aussi de-« mander l'exécution à son profit d'une donation « que son débiteur aurait d'abord acceptée, et « à laquelle ce débiteur aurait ensuite renoncé. « Dans l'un et l'autre cas, le créancier prend « sur lui les risques, etc.

Le doute n'est plus possible sur la pensée des membres de la commission : des deux para-graphes de l'article proposé par le tribunal de cassation, l'un est maintenu, le premier, celui qui dispose que les créanciers peuvent critiquer les actes frauduleux ; l'autre est abandonné, ce-lui qui faisait exception au principe pour les actes à titre gratuit ; le projet présenté au con-seil d'État ne dit pas un mot de cette distinction. Les quelques vestiges de ce second paragraphe qui se trouvent dans l'article 63 disparaissent eux-mêmes par la suite, et l'article 62 reste seul avec sa règle générale, exigeant la fraude dans tous les cas et sans distinction aucune entre les actes à titre onéreux et ceux à titre gratuit, en-tre les donations directes et les renonciations, ni enfin entre telle ou telle renonciation.

Aussi voyons-nous les articles qui ont été discutés et votés après l'article 1167 employer le mot *fraude* et rejeter l'expression de *préjudice* qu'on avait acceptée d'abord, parce qu'elle ne préjugeait rien sur le principe (art. 1447 et 1464). Les rédacteurs du Code ont donc préféré à la théorie du tribunal de cassation et de Furgole, la doctrine du droit romain et de Pothier, leur guide accoutumé.

Il est une disposition que nous n'avons point examinée jusqu'ici, et qui soulève de nombreuses difficultés, c'est l'article 2225 placé au titre de la prescription, et dont voici les termes :
« Les créanciers ou toute autre personne ayant
« intérêt à ce que la prescription soit acquise,
« peuvent l'opposer, encore que le propriétaire
« ou le débiteur y renonce. »

La prescription est une institution d'une nature toute spéciale ; présomption d'acquisition ou de libération, elle protége des droits sacrés, et a mérité la noble épithète de *patrona generis humani*. Si la prescription reste dans ces limites, si elle n'est en réalité qu'un moyen de preuve offert au possesseur, et non pas un mode d'acquisition, il semble qu'il faut admettre que c'est au possesseur seulement qu'il appartient d'en argumenter. Quel autre en effet peut savoir mieux que lui si les bases de la prescription existent, c'est-à-dire si réellement il y a eu paie-

ment ou acquisition? Seul le possesseur peut
résoudre cette question; et si sur la demande
formée contre lui, il se tait, s'il restitue ou s'il
paie, il est fort à croire qu'il n'était qu'un détenteur de la chose d'autrui. C'est qu'en effet,
tout engage le possesseur à invoquer la prescription; non-seulement la restitution qu'il fait
va l'appauvrir; mais de plus elle ternira dans
certains cas sa réputation aux yeux de ses con-
citoyens, en montrant clairement à tous que son
titre n'était qu'une usurpation. Quel mobile légitime pourra donc faire agir le tiers qui viendra s'interposer entre le revendiquant et le possesseur, pour invoquer une prescription contre
laquelle celui-ci proteste? En présence de la
déclaration contraire du possesseur, ce tiers
affirmera-t-il qu'il y a eu acquisition? Traitera-
t-il d'acte frauduleux la restitution qu'un honnête homme se croit obligé de faire?...

Ces considérations n'ont point arrêté le législateur, et l'article 2225 qui nous occupe reconnaît expressément aux tiers le droit d'opposer
la prescription à laquelle le possesseur croit devoir renoncer. Il a été déterminé sans doute
par ce motif qu'après tout, ce sont des créanciers diligents qui se trouvent les adversaires
d'un homme qui a prouvé une bien grande négligence de ses droits, et que dans le doute il
était juste de leur accorder sous certaines con-

ditions un droit de subrogation et même de critique.

Mais quelles sont les conditions de ce droit, et le véritable sens de l'article 2225? Les avis sont partagés sur ce point.

Suivant certains auteurs, cette disposition est purement et simplement une application de l'article 1166. Elle accorde aux créanciers un droit de subrogation ; si dans une instance dirigée contre lui, le débiteur garde le silence et ne se prévaut pas de la prescription, ses créanciers peuvent l'opposer à sa place. Mais voilà tout ce que la loi veut dire, et si le débiteur a formellement renoncé à la prescription, c'est là un acte d'honnête homme que les créanciers sont incompétents à critiquer. La doctrine de l'action révocatoire n'a pas d'application en fait de prescription .

Suivant d'autres au contraire l'article 2225 serait tout à la fois une application de l'article 1166 et de l'article 1167 : les créanciers peuvent très bien se prévaloir d'une prescription malgré la renonciation du débiteur, si cette renonciation est frauduleuse ; mais ils devront établir cette fraude, qui consiste dans la connaissance que le débiteur avait de son insolvabilité.

Un troisième système va plus loin encore, et bien loin de voir un acte d'honnête homme dans la renonciation à la prescription, il y voit une restitution faite avec l'argent d'autrui, et permet aux créanciers de la critiquer, sans avoir à prouver la fraude, mais par cela seul qu'elle leur préjudicie.

Dans une quatrième opinion, les créanciers ont action même en dehors de toute fraude, et même en présence d'un débiteur solvable ; il s'agit ici d'un droit tout particulier qui n'est ni celui de 1166 ni celui de 1167 ; la loi a voulu protéger les créanciers d'une manière toute spéciale contre la délicatesse mal entendue de leurs débiteurs.

Nous préférons nous ranger à un dernier avis, suivant lequel la loi n'a eu qu'un but en écrivant l'article 2225, déclarer que le droit d'invoquer une prescription n'est point exclusivement personnel au débiteur ; comme nous l'avons vu, le doute était au moins très-possible sur cette question ; les rédacteurs du Code ont voulu le faire disparaître, et rien au-delà. Cette pensée nous paraît résulter du discours de M. Bigot-Préameneu au conseil d'État ; il s'exprimait ainsi : « Ce serait une erreur de croire que la « prescription n'a d'effet qu'autant qu'elle est « opposée par celui qui a prescrit, et que c'est « au profit de ce dernier une faculté person- « nelle. La prescription établit ou la libération « ou la propriété ; or les créanciers peuvent, « ainsi qu'on l'a établi au titre *des obligations,*

« exercer les droits et actions de leur débiteur
« à l'exception de ceux qui sont exclusivement
« attachés à sa personne; la conséquence est
« que les créanciers peuvent opposer la pres-
« cription, encore que le débiteur ou le proprié-
« taire y renonce. » Dans la pensée des rédacteurs, il ne s'agit donc ici que de l'application
de l'article 1166. Que faut-il en conclure au
point de vue de l'action révocatoire? Que la renonciation à la prescription reste sous l'empire
du principe général, puisqu'aucune dérogation
n'y est apportée. Il faut donc reconnaître que
les créanciers ont le droit de critiquer cette renonciation, à la charge toutefois d'établir la
fraude et le préjudice.

Ainsi, la fraude du débiteur est une condition
indispensable de l'action Paulienne. Mais en quoi
consiste cette fraude? Nous avons vu qu'en droit
romain on n'exigeait pas une volonté expresse
et déterminée de nuire, mais qu'il suffisait que
le débiteur se fût appauvri avec connaissance
de son insolvabilité; dans le silence du Code
sur ce point, nous pensons que la même règle
doit être suivie (Cass. 12 février 1849).

La charge de la preuve incombe aux créanciers; du reste, ils peuvent établir la fraude
par tous les moyens possibles, preuves écrites,
témoignages, présomptions de l'homme (art.
1348 et 1353, C. N.). Quant au point de savoir

si le débiteur doit être présumé avoir eu connaissance de son insolvabilité, il est peut-être difficile d'aller jusque là ; c'est un point qui doit être abandonné à l'appréciation des tribunaux.

A l'intention frauduleuse du débiteur, il faut ajouter son insolvabilité au moment de l'acte dont la révocation est demandée ou produite par cet acte même ; si le débiteur est resté solvable après l'acte, les créanciers ne peuvent élever de plainte, alors même qu'il fût devenu insolvable postérieurement, et qu'en définitive ils ne soient pas payés ; il n'y aurait aucune sécurité pour les tiers s'il en était autrement.

L'insolvabilité du débiteur au moment de l'acte attaqué, nécessaire pour que l'action Paulienne puisse compéter aux créanciers, n'est pas suffisante ; il faut encore que le débiteur soit insolvable au moment de la poursuite ; sinon, les créanciers n'ont aucun intérêt à critiquer un acte qui ne leur nuit en rien ; or l'intérêt est la mesure des actions. Les créanciers devront donc établir l'insolvabilité actuelle du débiteur ; ils l'établiront par la discussion de ses biens et par un procès-verbal de carence. Les tiers contre qui l'action est dirigée, ont assurément le droit d'exiger des créanciers cette justification, et de renvoyer ceux-ci à discuter préalablement leur débiteur. Mais quelle est l'étendue de ce droit? L'article 2023 doit-il être

suivi en notre matière? Il est ainsi conçu : « La
« caution qui requiert la discussion doit indi-
« quer aux créanciers les biens du débiteur
« principal, et avancer les deniers suffisants
« pour faire la discussion. Elle ne doit indiquer
« ni des biens du débiteur principal situés hors
« de l'arrondissement de la Cour royale du lieu
« où le paiement doit être fait, ni des biens liti-
« gieux, ni ceux hypothéqués à la dette qui ne
« sont plus en la possession du débiteur. »

Remarquons tout d'abord qu'une différence
notable existe entre les deux situations : pour les
tiers poursuivis en vertu de l'action Paulienne,
l'exception de discussion est un droit ; pour la
caution qui est véritablement obligée au paiement, cette exception n'est qu'une faveur; cette
faveur, le législateur avait le droit de la restreindre; c'est ce qu'il a fait en enjoignant à la
caution d'avancer les frais de la discussion
qu'elle requiert. Cette obligation est vraiment
exorbitante, et nous ne voyons pas de motif
pour l'appliquer au tiers défendeur à l'action
révocatoire; c'est aux créanciers à faire les frais
d'une discussion que la loi met à leur charge.
De même encore le droit que l'article 2023 con-
cède aux créanciers de borner leur discussion
aux biens situés dans le ressort de la cour d'appel, ce droit ne saurait être invoqué par eux
dans notre matière, puisqu'ils doivent constater

l'insolvabilité de leur débiteur. On admet toutefois qu'ils ne sont pas tenus de discuter des biens
litigieux ou par trop éloignés; c'était la doctrine de notre ancien droit, et c'est ce que la
Cour suprême a jugé par arrêt de rejet du 22
juillet 1835.

L'antériorité du droit des créanciers à l'acte
qu'ils critiquent est également une condition
nécessaire de cette action (Paris, 30 janvier 1827,
Art. 1053 C. N.). La Cour de cassation a jugé que
la preuve de cette antériorité peut être faite par
toute sorte de moyens, même par des présomptions (14 décembre 1829). Cette solution est rejetée par la plupart des auteurs; on admet gé-
néralement que les créanciers doivent avoir un
titre ayant date certaine à opposer aux tiers acquéreurs (art. 1328), et c'est avec raison; l'ordonnance de 1747, art. 42, le décidait formellement.

Une dernière condition de l'action révocatoire
consiste dans la complicité de la fraude chez le
tiers qui a traité avec le débiteur, à moins qu'il
n'ait traité à titre gratuit (Bordeaux, 15 février,
1er mai 1826) : le silence de l'article 1167 sur ce
point n'est pas suffisant pour faire écarter une
distinction admise par le droit romain et par
notre ancienne jurisprudence, et qui d'ailleurs
est parfaitement fondée.

L'action Paulienne est dirigée contre des actes frauduleux, mais sérieusement accomplis, et dont l'effet est de lier les parties. La fraude peut se produire autrement. Pour soustraire ses biens aux poursuites de ses créanciers le débiteur peut feindre de les aliéner; l'acte dans ce cas n'a rien de sérieux entre les parties; c'est un titre faux qui n'engage en rien ceux qui l'ont consenti; les créanciers peuvent déjouer cette fraude au moyen d'une action que la doctrine a qualifiée d'action en déclaration de simulation; cette action ne doit pas être confondue avec celle qui nous occupe; elle n'offre point le même caractère et n'est point soumise aux mêmes conditions; c'est ainsi que les créanciers n'ont à prouver, ni l'insolvabilité du débiteur au moment de l'acte simulé, ni l'antériorité de leur titre à cet acte; (arrêt de Paris du 19 août 1854); c'est ainsi encore que le résultat de cette action est de faire rentrer dans le patrimoine du débiteur le bien qu'il en prétendait sorti, d'une manière absolue et vis-à-vis de tous.

SECTION II.

Actes que les créanciers peuvent faire révoquer.

Les termes de l'article 1167 sont très généraux et il faut admettre en principe que les créanciers peuvent faire révoquer tous les actes par lesquels le débiteur diminue son patrimoine, aliénations, obligations, renonciations à des droits ouverts en sa faveur. Nous aurons même occasion d'établir que l'action révocatoire a plus de portée chez nous qu'elle n'en avait en droit romain.

Il est toutefois une classe d'actes qui se trouve en dehors de notre action ; ce sont ceux que le débiteur accomplit en vertu d'un droit exclusivement attaché à sa personne, d'un droit résultant d'une qualité qui lui est propre ; ces droits ne font point partie du patrimoine pécuniaire du débiteur ; ils ne sauraient être frappés d'un droit de gage au profit des créanciers ; ils ne peuvent être ni cédés spontanément, ni saisis, ni vendus par les tiers (art. 1166) ; ainsi qu'un débiteur renonce à un droit d'usage ou d'habitation ; qu'il se refuse à demander la révocation d'une donation pour cause d'ingratitude ; qu'il néglige d'exercer le retrait successoral ; qu'il pardonne une offense et n'en demande point la réparation civile ; qu'une femme préfère la tranquillité du ménage aux dissentions qui peuvent suivre une séparation de biens : dans aucun de ces cas les créanciers ne peuvent élever de plainte. (Art. 631, 957, 841, 1446 C.N.).

La renonciation à l'usufruit paternel doit-elle être considérée comme appartenant à cette classe d'actes ? Nous pensons que cette question doit être résolue au moyen d'une distinction. Et d'abord, il nous semble certain que les créanciers ont dû considérer comme faisant partie de leur gage, les revenus que la loi accorde au père sur les biens de ses enfants ; bien que le père ait droit à ces revenus par suite d'une qualité qui lui est propre, il n'en est pas moins vrai qu'une fois perçus, ils tombent dans ses biens, et peuvent dès lors être saisis par ses créanciers ; si donc le père renonce purement et simplement à cette jouissance dans le but évident de nuire à ses créanciers, ceux-ci peuvent faire révoquer cette renonciation.

Mais il n'en saurait être ainsi, lorsque la perte de la jouissance résulte de l'émancipation ou du mariage de l'enfant ; dans ce cas le préjudice éprouvé par les créanciers n'est que la conséquence indirecte et nécessaire d'un acte qui est soustrait à leurs critiques. Cette solution était déjà adoptée dans notre ancien droit.

Une question qui offre plus d'une analogie avec celle que nous venons d'examiner, est celle de savoir si l'ancienne distinction entre les actes par lesquels le débiteur diminue son patrimoine et ceux par lesquels il refuse de l'augmenter, est reconnue par la législation actuelle. On a soutenu la négative en invoquant les articles 2092, 2225 et 788 du Code Napoléon. — C'est à tort, selon nous, qu'on s'appuie sur l'article 2092 ; en déclarant que le débiteur est tenu de remplir ses engagements même sur ses biens à venir, il veut dire purement et simplement, que, les biens en entrant dans le patrimoine du débiteur entrent par là même dans le gage des créanciers, et que ceux-ci peuvent faire saisir tous les biens que le débiteur possède au moment de la poursuite, même ceux qu'il a acquis postérieurement à la date de leurs créances. — Les articles 2225 et 788 ne sont guère plus convaincants, car ils supposent tous deux la perte d'un droit qui était acquis au débiteur, qui faisait partie de son patrimoine. — On peut en induire que le Code, de même que notre ancien droit, n'a point admis les conséquences exagérées que les jurisconsultes romains avaient tirées de la règle qui nous occupe ; mais cette règle en elle-même et ramenée à ses véritables termes ; nous ne voyons aucune disposition de nos lois qui puisse faire supposer son abrogation. Cette distinction n'est d'ailleurs nullement irrationnelle ; comprendrait-on, par exemple, qu'un créancier pût se faire subroger aux lieu et place de son débiteur, pour accepter une donation que celui-ci juge à propos de refuser !

Occupons-nous maintenant de quelques uns des actes dont les créanciers peuvent demander la révocation, et qui exigent quelques développements particuliers.

Partage. — Art. 882. — L'art. 1167, dans

son second alinéa, renvoie au titre des successions comme contenant une dérogation aux principes généraux de l'action Paulienne. — Cette dérogation, nous la trouvons dans l'article 882, qui est ainsi conçu : « Les créanciers d'un « copartageant, pour éviter que le partage ne « soit fait en fraude de leurs droits, peuvent « s'opposer à ce qu'il y soit procédé hors de « leur présence. Ils ont le droit d'y intervenir « à leurs frais; mais ils ne peuvent attaquer un « partage consommé, à moins toutefois qu'il « n'y ait été procédé sans eux, et au préjudice « d'une opposition qu'ils auraient formée. »

Des fraudes de diverse nature peuvent être concertées entre les cohéritiers partageant une succession, au préjudice des créanciers de l'un d'eux ; ainsi, dans le but de faire tomber l'hypothèque consentie par un cohéritier, à ses créanciers sur un immeuble dont il était donataire, il en fera le rapport en nature dans des cas où la loi ne l'exige pas (art. 859, 865); ou bien encore, le rapport devant se faire en nature, les copartageants pourront, dans le même but, attribuer à un autre cohéritier l'immeuble rapporté ; ils peuvent enfin faire entrer dans le lot du cohéritier obéré des valeurs faciles à dissimuler, ou insaisissables. — A ce point de vue, la loi devait fournir aux créanciers des moyens spéciaux pour déjouer ces manœuvres. — D'un autre côté, le partage est une opération coûteuse, compliquée, qui demande à n'être pas facilement rescindée ; l'intérêt de la tranquillité des familles et celui de la stabilité de la propriété font aussi désirer le maintien et l'irrévocabilité des partages.

Le législateur avait à concilier ces intérêts opposés. Il y est parvenu fort heureusement au moyen de la disposition que nous venons de voir, et qui peut se résumer ainsi : Droit pour les créanciers d'un cohéritier de s'opposer à ce qu'il soit procédé au partage, hors de leur présence et d'y intervenir à leurs frais ; impossibilité pour ceux qui ont négligé ce droit de critiquer un partage consommé, même en fraude de leurs droits. Ainsi se trouvent satisfaits et les intérêts des tiers et ceux de la famille.

Les créanciers doivent signifier aux cohéritiers qu'ils s'opposent au partage et y intervenir, pour surveiller leurs droits ; si, négligeant le moyen que la loi leur offrait, ils ont laissé le partage s'accomplir en dehors d'eux, ils sont forclos ; le partage est irrévocable à leur égard. Telle est évidemment la portée de notre article ; le texte et l'esprit de cette disposition l'indiquent assez.

On a cependant proposé à cet égard plusieurs distinctions ; certaines cours ont jugé que au cas de fraude dans un partage fait à l'amiable, l'article **882** était inapplicable, par le motif que ces sortes de partage ont pu être ignorées des créanciers (Paris, 10 juillet 1859 ; Grenoble 15 mai 1824). — D'autres sont allés moins loin et n'autorisent l'action que lorsque la fraude a été pratiquée non seulement par le débiteur, mais encore par ses cohéritiers (Toulouse, 8 décembre 1830). Mais ni l'une ni l'autre de ces distinctions ne saurait être admise en présence de la généralité des termes de l'article **882** et des motifs qui l'ont dicté.

Au surplus, si les créanciers ne peuvent attaquer le partage en leur nom personnel, ils le peuvent très-bien en vertu de l'article 1166, s'il est vicié par quelque cause de nullité que le débiteur pourrait invoquer.

L'article **882** est évidemment applicable en matière de partage de communauté ; il y a mêmes motifs ; puis l'art. 1476 déclare expressément que ce partage, en ce qui concerne la garantie et les effets, est soumis à toutes les règles établies au titre des successions pour les partages entre cohéritiers.

L'art. 1872, au titre des sociétés, est moins général dans sa rédaction ; il ne renvoie aux règles du partage des successions que pour les formes à suivre et pour les obligations résultant du partage ; on a fait remarquer aussi que les mêmes raisons n'existaient pas pour appliquer l'art. 882 ; qu'en effet le partage d'une société est un fait peu connu du public, et que les inimitiés entre co-associés ne sont point à craindre comme celles entre parents ; tels sont du moins les motifs qui ont guidé la Cour suprême dans son arrêt du 20 novembre 1834.

Toutefois d'excellents esprits ont rejeté cette doctrine ; ils pensent que si l'article 1872 ne parle pas des effets du partage, c'est le résultat d'un simple oubli de rédaction, dont on ne doit pas argumenter. — Nous préférons cette opinion qui était celle de Pothier, le guide habituel des rédacteurs du Code, et qui paraît avoir été dans la pensée du législateur.

L'article 1167 renvoie à une seconde exception qui devrait se trouver au titre du contrat de mariage ; cette exception n'existe pas, à moins qu'on ne la voie dans l'article 1476 dont nous venons de parler. L'article 1447 déclare au contraire que les créanciers ont le droit non-seulement de se pourvoir contre une séparation de biens prononcée ou exécutée en fraude de leurs droits, mais encore d'intervenir dans l'instance pour surveiller leurs intérêts. — Au reste, l'article 873 du Code de procédure, qui réglemente cette matière, nous offrira plus tard une exception apportée, sinon aux principes de l'action, du moins à sa durée.

Renonciation à une succession. — Art. 788. —

Il est permis aux créanciers de faire annuler cette renonciation quand elle est faite en fraude de leurs droits ; l'art. 788 dispose à cet égard qu'ils peuvent se faire autoriser en justice à accepter la succession du chef de leur débiteur en son lieu et place. Ils doivent préalablement s'adresser à la justice pour établir l'insolvabilité du débiteur et l'intérêt qu'ils ont à ce que sa renonciation soit révoquée à leur égard.

Du reste, il faut remarquer que les créanciers peuvent arriver à leurs fins sans invoquer toujours l'article 1167 ; ils sont obligés d'y avoir recours lorsque l'hérédité répudiée par leur débiteur a été acceptée par un autre ; mais s'il en est autrement, si cette hérédité n'a point encore été appréhendée, l'héritier renonçant a le droit de se repentir, et ses créanciers, exerçant ses droits aux termes de l'art. 1166, l'accepteront en son nom (art. 790).

Il faut remarquer encore que l'article 788 ne déclare la renonciation annulée qu'en faveur des créanciers et jusqu'à concurrence seulement de leurs créances, et nullement en faveur de l'héritier qui a renoncé. La renonciation n'est donc point annulée pour le tout ; elle tient encore à l'égard du débiteur renonçant ; elle tient aussi à l'égard des héritiers qui en ont profité ; d'où il suit que ce qui restera des biens héréditaires, les créanciers payés, fera retour aux cohéritiers du débiteur, et non à celui-ci. Il semble résulter aussi de ce principe que ces cohéritiers ont un recours contre le débiteur pour être par lui indemnisés du montant des biens qui lui ont été enlevés pour payer ses dettes; toutefois cette solution est grandement contestée, et nous en renvoyons l'examen au moment où nous traiterons spécialement des effets de l'action révocatoire.

Obligations. — *Acceptation de succession* (Art. 881) — *Acceptation de communauté.* — Il est certain qu'une personne, par cela seul qu'elle a des dettes, ne perd pas la faculté d'en contracter de nouvelles; mais cela n'est vrai qu'autant que la bonne foi a présidé à ces engagements; s'ils ont été consentis dans une pensée de fraude, ils doivent tomber devant la plainte des créanciers légitimes; c'était la doctrine romaine; c'est également celle du droit actuel. Et peu importe la source de ces obligations, contrat ou quasi-contrat, délit ou quasi-délit.

C'est ainsi que l'acceptation frauduleuse d'une succession onéreuse doit pouvoir être révoquée sur la demande des créanciers. On l'a cependant contesté en s'appuyant sur l'article 881, qui ne permet pas aux créanciers de l'héritier de demander la séparation des patrimoines contre les créanciers de la succession. Cet article ne statue pas pour un cas de fraude; son but est de trancher une question qui présentait des doutes dans notre ancien droit; mais il n'apporte pas d'exception à l'article 1167. Pothier admettait également que les créanciers de l'héritier ne pouvaient pas demander la séparation des patrimoines, ce qui ne l'empêchait pas de reconnaître que « si un débiteur insolvable ac« ceptait une succession notoirement mauvaise, « de manière qu'il parût qu'il l'a fait en fraude « de ses créanciers, ce serait le cas auquel ceux« ci pourraient demander la séparation de ses « propres biens d'avec ceux de la succession, en « faisant rescinder cette acceptation et l'obliga« tion contractée par leur débiteur en fraude de « leurs créances.... En effet, ajoute-t-il, tout ce « qu'un débiteur fait en fraude de ses créanciers « peut être rescindé, même les obligations qu'il « contracte. (Successions , ch . 5 , art . 4). »

La même solution doit être donnée au cas d'acceptation par la femme ou ses héritiers d'une communauté obérée. Sans doute la disposition de l'article 1483 suivant laquelle la femme n'est tenue des dettes de la communauté que jusqu'à concurrence de son émolument, enlève à cette question une partie de son intérêt; mais il faut remarquer d'abord que la femme ne jouit de ce privilège qu'au cas où elle a fait bon et fidèle inventaire. Puis, dans le cas où la femme a stipulé que, si elle renonçait à la communauté, elle reprendrait tout ou partie de ce qu'elle y aurait apporté, la question présente un très-grand intérêt (art. 1514, C. N.). Cette décision était également admise par Pothier (Communauté, n° 559).

Constitution de dot. —Des doutes se sont élevés sur le véritable caractère de cet acte, et sur le point de savoir si les créanciers peuvent le faire annuler même lorsque la femme est de bonne foi.

La Cour de cassation a jugé dans trois arrêts récents (2 mars et 25 juin 1847 ; 14 mars 1848) que la constitution de dot est à l'égard des deux époux un acte à titre onéreux qui ne peut être critiqué qu'en cas de complicité de fraude de leur part. On invoque en ce sens l'obligation de garantie qui pèse sur celui qui constitue une dot (art. 1547); le caractère tout particulier de cet acte; les charges qui incombent aux époux et qui sont telles qu'il semble inique de leur arracher les valeurs destinées à les couvrir.

Toutefois la plupart des auteurs adoptent l'opinion ancienne, suivant laquelle la femme dotée n'est pas autre chose qu'un acquéreur à titre gratuit ; et cette doctrine, consacrée par un arrêt de Rouen du 3 juillet 1828 et un autre de Bordeaux du 2 mai 1829, nous semble plus conforme aux principes. Et d'abord elle a pour elle l'autorité du droit romain et celle de notre ancienne jurisprudence; ce qui, dans le silence de la loi, constituerait déjà une forte présomption. De plus elle découle des règles les plus certaines du droit. Qu'est-ce en effet qu'un acte à titre gratuit? Celui dans lequel une personne s'appauvrit sans recevoir aucun équivalent (art. 1105); or, c'est évidemment là le caractère de la convention qui intervient entre celui qui constitue la dot et la femme qui la reçoit. Qu'importe ensuite que cette dot soit destinée à subvenir aux charges du ménage? Ces charges n'auront jamais pour effet d'enrichir celui qui a constitué la dot; de sorte que les créanciers de ce dernier seront toujours fondés à lui dire : Vous étiez insolvable, vous n'avez pas pu diminuer gratuitement votre patrimoine en fraude de nos droits.

Et il faut remarquer que le droit actuel, bien loin d'avoir apporté une exception à la doctrine ancienne, semble au contraire la réclamer d'une manière plus impérieuse.

En effet, tandis que la législation romaine donnait à l'enfant le droit d'exiger une dot de son père (L. 10, de ritu nupt. D. 23. 2.), le Code Napoléon dispose (art. 203) que l'enfant n'a pas d'action contre ses père et mère pour un établissement par mariage ou autrement.

On aurait compris à la rigueur qu'en droit romain les créanciers eussent été non recevables à critiquer un acte que le père de famille était obligé de consentir. — Mais aujourd'hui sous quel prétexte leur refuser l'action?.... Si l'on était logique dans le système que nous combattons, il faudrait dire aussi que la dot n'est soumise ni au rapport, ni à la réduction, ce qui ne saurait être soutenu.

Toutefois à l'égard du mari la dot n'est point une donation; c'est un contrat à titre onéreux qui intervient entre sa femme et lui; et les créanciers ne pourront lui en enlever le bénéfice qu'autant qu'il aurait été complice de la fraude du constituant.

Jugements rendus en fraude des créanciers.—Un débiteur peut nuire à ses créanciers dans une instance judiciaire, et cela de plusieurs maniè-res, soit en laissant prononcer contre lui des condamnations, dont l'effet sera de faire passer aux mains d'un complice une partie de ses biens; soit en procurant à l'un de ses créan-ciers une hypothèque judiciaire. — La loi accorde aux créanciers divers moyens de dé-jouer ces fraudes : le jugement est-il susceptible d'être réformé par une voie ouverte au débiteur lui-même, opposition ou appel, ils invoqueront ce droit de leur débiteur, aux termes de l'arti-cle 1166. — Que si le jugement est passé en force de chose jugée, un autre moyen leur est offert, c'est la tierce opposition, moyen à eux personnel, et qu'ils ne peuvent exercer qu'à la charge d'établir la fraude du débiteur; en dehors do cette preuve, le jugement leur est opposable, ils n'avaient pas de droit réel sur la chose du débiteur, et celui-ci avait conservé le droit de compromettre, de bonne foi, un bien dont il était resté propriétaire.

Il en est tout autrement des créanciers hypothécaires : les jugements rendus entre leur débiteur et un tiers sur la propriété de l'immeuble hypothéqué postérieurement à la date de leur hypothèque ne sont point rendus contre eux et ne sauraient leur être opposés. En exigeant de leur débiteur la constitution d'un droit réel, ils ont eu précisément pour but de lui enlever le droit de pactiser sur leur gage; ils sont en un mot dans la même position qu'un acheteur ou qu'un usufruitier.

Cependant, la jurisprudence semble fixée en sens contraire (cass. 3 juillet 1831 ; 9 décembre 1835 et autres), par le motif, présenté de diverses manières, que le créancier hypothécaire ne peut pas avoir plus de droits que n'en avait son auteur ; — motif qui ne saurait appuyer cette doctrine, puisque le créancier hypothécaire demande précisément à prouver que son débiteur était propriétaire de l'immeuble sur lequel il lui a consenti hypothèque.

Rappelons, en terminant, qu'il est une classe

d'actes que les créanciers font tomber même en dehors des conditions de l'action Paulienne, et sans qu'ils aient à prouver autre chose que l'insolvabilité actuelle du débiteur, ce sont les legs, *quia infirmantur per æs alienum*, disait la loi romaine.

SECTION III.

Nature de l'action Paulienne. Ses effets.

Avant d'examiner quels sont les effets de l'action révocatoire, nous devons prendre parti sur une question qui a été soulevée par certains auteurs, et dont la solution n'est pas sans influence sur la véritable portée de cette action; c'est celle de savoir si l'action Paulienne est réelle, personnelle ou mixte.

Que la Paulienne soit toujours réelle ; personne ne l'a prétendu ; mais certains auteurs pensent qu'elle présente ce caractère quand elle a pour objet la révocation d'un acte portant constitution d'un droit réel. — Ces auteurs représentent le débiteur comme un mandataire qui a excédé ses pouvoirs, et les créanciers comme des mandants qui viennent revendiquer leur chose indûment aliénée.

Nous ne pouvons nous ranger à cette idée ; les créanciers chirographaires n'ont aucun droit de suite, aucun droit réel à exercer. D'ailleurs plusieurs des partisans de ce système reculent eux-mêmes devant ses propres consé-

quences, en reconnaissant que les sous-acquéreurs ne sont soumis à l'action qu'autant que ses
conditions particulières se trouvent réunies sur
leurs têtes.

Nous écartons également le système qui voit
une action mixte dans l'action révocatoire.
Nous ne trouvons rien dans la loi ni dans le
caractère de cette action d'où l'on puisse induire qu'elle ait cette qualité ; jamais notre ancienne jurisprudence ne la considéra comme telle.

Il faut donc reconnaître avec la cour de Ren-
nes (arrêt du 14 Avril 1848) que dans la pensée
de la loi, l'action Paulienne est purement personnelle. L'article 1167 est rédigé dans cet esprit ; c'est en leur nom personnel que les créanciers attaquent l'acte frauduleux, et non pas
comme mandataires de leur débiteur ; ils exer-
cent un droit qui n'appartient pas à celui-ci,
mais qui leur vient de la loi et naît en leur per-
sonnne ; or sur quoi peuvent-ils baser une action réelle ? Leur droit provient d'une fraude
qui leur a causé un préjudice dont ils demandent la réparation. Ils ne revendiquent pas et
n'ont aucune qualité pour le faire ; ils demandent une indemnité à ceux qui ne pourraient
pas sans injustice conserver le bénéfice de leur
convention.

Et remarquons que le contrat par suite duquel les créanciers poursuivent le tiers acqué-

reur est un contrat parfait et qui renferme toutes les conditions de validité voulues par la loi (art. 1108). Seulement il a été commis avec fraude, et les complices de cette fraude sont obligés de la réparer.

D'ailleurs, les actions résolutoires ne sont pas tellement favorables qu'il faille en augmenter le nombre alors que la loi ne l'exige pas ; elles ont pour effet de rendre la propriété toujours incertaine en plaçant les acquéreurs sous une menace perpétuelle d'éviction ; or, la loi n'a indiqué nulle part qu'elle entendît donner à l'action Paulienne le caractère et les effets d'une action réelle.

Nous rencontrerons des cas où l'action Paulienne est réelle; c'est en matière commerciale; mais aussi quelle différence de langage entre l'article 1167 du Code Napoléon et l'article 446 du Code de commerce, qui déclare que les actes *sont nuls et sans effet* relativement à la masse!

Voyons maintenant quels sont les effets de cette action.

Ils varient d'abord suivant que le défendeur est un tiers de bonne ou de mauvaise foi ; dans le premier cas, les créanciers ne peuvent lui réclamer que ce dont il s'est enrichi ; ils devront également lui laisser les fruits jusqu'au jour de la demande. Dans le second cas, au contraire, le tiers doit rendre tout ce qu'il a reçu, quand même il n'en eût en rien profité, ainsi que tous les fruits et intérêts du jour du contrat (art. 549, 550, 1378), sous la seule déduction des frais de culture (art. 548).

Les créanciers, en vertu de l'action Paulienne, demandent la révocation de l'acte frauduleux en ce qui les concerne; nous savons qu'abstraction faite de ce droit des créanciers, l'acte attaqué est un acte valable, réunissant toutes les conditions de validité voulues par la loi; en dehors donc des créanciers frustrés, nul ne peut argumenter de la révocation, ni le débiteur ni les créanciers postérieurs.

Il y a plus, le résultat de l'action ne sera pas nécessairement la révocation de l'acte; si le tiers pour conserver le bénéfice de son contrat, offre aux créanciers de les payer, il doit être écouté dans sa demande, et les créanciers ainsi satisfaits doivent abandonner une action qui n'a plus d'objet.

Dans le cas même où les créanciers sont obligés de demander la révocation de l'acte, cette révocation n'est point absolue; elle ne s'opère que jusqu'à concurrence du montant des créances des demandeurs; pour le surplus, l'acte reste valable.

De ces divers principes découlent plusieurs conséquences qu'il nous faut exposer.

Et d'abord la révocation n'ayant lieu que

dans l'intérêt des créanciers et jusqu'à concurrence de leurs droits, ce qui restera des biens,
les créanciers payés, fera retour aux tiers acquéreurs et non au débiteur, qui ne peut trouver dans sa fraude la source d'un bénéfice.
Cette solution est donnée par la loi elle-même
dans un cas particulier (art. 788), et ne saurait
être contestée.

Ne résulte-t-il pas également de ce principe,
que le tiers acquéreur qui, sur la poursuite des
créanciers, s'est vu contraint de les désintéresser ou de leur abandonner la chose qu'il avait
acquise, aura son recours contre le débiteur
revenu à meilleure fortune ? Cette question est
vivement débattue entre les jurisconsultes. Plusieurs personnes pensent que ce tiers n'a aucun
recours à exercer ; ils considèrent que, lorsqu'il
paie la dette du débiteur, c'est pour maintenir
le contrat et en conserver les avantages ; dans
le cas où le bien lui a été enlevé, il y a révocation du contrat ; cette révocation a fait rentrer
le bien aliéné dans le patrimoine du débiteur,
de sorte que c'est ce patrimoine qui a réellement
fait les frais du paiement.

Nous préférons à cet avis l'opinion de ceux
qui accordent un recours au tiers évincé. Cette
solution concorde mieux avec l'esprit et le but
de cette action, qui est uniquement de réparer
dans l'intérêt des créanciers le résultat d'un acte

malhonnête. L'article **788** déclare d'ailleurs d'une manière positive que l'acte n'est annulé qu'au profit des créanciers et nullement au profit du débiteur ; il nous semble que la doctrine que nous venons d'exposer contrarie un peu cette disposition de la loi : il est certain en effet que si le tiers n'a pas de recours contre le débiteur, celui-ci tire profit de la révocation obtenue, puisque sa dette se trouve payée.

On objecte dans le cas particulier de l'article **788**, que le débiteur en renonçant à la succession, n'a point garanti à ses cohéritiers le résultat de sa renonciation ; que leur acquisition n'était faite que sous une condition résolutoire ; qu'on ne conçoit pas que les dettes de l'un soient payées avec les biens de l'autre.—Nous ne voyons nulle part dans la loi la condition résolutoire dont on parle ; nous pensons au contraire que l'acquisition était irrévocable et pure et simple dans les rapports du débiteur avec ses cohéritiers. Il n'y a pas lieu de s'étonner non plus que la dette du débiteur se trouve payée avec les deniers de ses cohéritiers ; c'est un résultat qui se présente souvent en droit ; ce qui serait étonnant, c'est que des tiers de bonne foi peut-être se voient arracher un bien par suite du délit de leur auteur, et cela sans recours possible contre lui.

Une autre question sur laquelle les interprètes du droit sont également divisés est celle de savoir si les créanciers postérieurs à l'acte critiqué, et qui n'ont pas assurément le droit de l'attaquer, peuvent profiter de la révocation obtenue par les créanciers antérieurs.

On soutient la prétention de ces créanciers en disant que le résultat de l'action a été de faire rentrer le bien dans le patrimoine du débiteur; qu'il n'a pu entrer dans ce patrimoine sans se trouver immédiatement frappé du droit de gage général que l'article 2092 accorde à tous les créanciers; qu'il n'en peut être autrement, puisque la loi ne confère aucun privilége aux créanciers antérieurs. — La Cour suprême a jugé en ce sens, suivant arrêt du 12 avril 1856.

Il nous semble cependant plus exact de priver de tout droit les créanciers postérieurs à l'acte attaqué. Cet acte ne leur a causé aucun préjudice; il n'a point été fait dans le but de leur nuire; pour eux il est valable : c'est à tort qu'ils prétendent que le bien étant rentré dans le patrimoine de leur débiteur fait partie de leur gage. Ce bien est si peu rentré dans le patrimoine du débiteur, que lui-même n'a aucun droit sur lui (art. 788). La révocation qui a été obtenue par les créanciers antérieurs ne l'a été que dans leur unique intérêt, pour réparer un préjudice injustement causé; elle a sa base dans une obligation et à proprement parler aucun retour ne s'opère ; il y a seulement lieu à une réparation de dommage ; et les créanciers postérieurs n'en ont éprouvé aucun.

Les créanciers qui critiquent une aliénation en vertu de notre action n'auront point à souffrir le concours des créanciers de l'acquéreur ; car ceux-ci s'exposeraient eux-mêmes aux conséquences de la révocation s'ils consentaient à être payés avec des deniers qu'ils savent n'être entrés dans le patrimoine de leur débiteur que par suite du dol.

Les acquéreurs à titre onéreux souffriront la révocation sans aucune indemnité, si le prix qu'ils ont payé a été dissipé par le débiteur, de sorte qu'il ne profite en rien aux créanciers. Mais si ces derniers ont tiré profit de cette somme, ils devront en tenir compte. Cette distinction admise par les lois romaines semble devoir être suivie dans notre droit.

Dans le cas où certains remboursements seraient dûs à ces acquéreurs à raison d'impenses nécessaires ou d'amélioration par eux faites, il faut leur reconnaître le droit de retenir l'immeuble jusqu'à ce que les créanciers aient effectué ces remboursements (Dig. 42, 8, 10, § 20 ; — Ordon. de 1667, titre 27, art. 9 ; Cod. Nap. art. 867 et 1948).

SECTION IV.

Quelles personnes peuvent demander la révocation.

La qualité de créancier à quelque titre qu'on le soit donne le droit d'exercer l'action Paulienne ; les termes de l'article 1167 sont on ne peut plus généraux, et ne comportent aucune distinction ; peu importe donc qu'il s'agisse de créanciers en vertu d'un contrat, d'un quasi-contrat, d'un délit ou d'un quasi-délit ; peu importe que le créancier demandeur le soit en vertu d'un contrat à titre onéreux ou d'un contrat à titre gratuit ; qu'il soit chirographaire ou hypothécaire.

A l'égard de ces derniers, il faut reconnaître que l'action révocatoire est plus nécessaire aux créanciers chirographaires, qu'à ceux qui ont stipulé des garanties particulières ; toutefois ce n'est pas une raison pour les priver d'un droit général qui leur compète en présence de la généralité des termes de la loi.

La seule condition exigée pour que les créanciers aient cette action, c'est que leur droit soit antérieur à l'acte qu'ils attaquent, ou que, s'ils lui sont postérieurs, ils se soient fait subroger dans les droits d'un créancier antérieur.

Il est un point très controversé entre les jurisconsultes, c'est celui de savoir si les créanciers conditionnels peuvent exercer l'action Paulienne. Pour la négative, on invoque l'article 1180; on dit que le créancier conditionnel ne peut faire que les actes conservatoires; que l'action Paulienne ne saurait être rangée au nombre de ces actes.

D'un autre côté, l'artice 1167 est très général; il donne l'action Paulienne à tous les créanciers; or, la modalité ne détruit pas la qualité de créancier; de plus et de droit commun on peut agir pour conserver des droits futurs; il n'y a que certaines actions déterminées pour l'exercice desquelles la loi exige un intérêt né et actuel, et le plus souvent il suffit d'un intérêt futur et éventuel pour rendre l'action recevable. On peut ajouter encore qu'il s'agit ici d'un cas de fraude, et qu'en présence de la fraude les règles du droit commun peuvent recevoir des modifications; d'ailleurs, les tiers qui défendent à l'action sont peu dignes de faveur; ou bien ils sont de mauvaise foi, ou bien ils sont donataires; les créanciers même conditionnels doivent leur être préférés. Enfin l'article 1180 qu'on oppose est plutôt conçu dans un sens favorable à ce second système que dans une pensée restrictive des droits du créancier conditionnel; voici ses termes : « Le créancier peut, avant que la condition soit accomplie, exercer tous les actes conservatoires de son droit. »

A l'égard des créanciers à terme, la même discussion s'élève ; toutefois les partisans du premier système y font exception pour le cas où l'échéance du terme serait prochaine et l'insolvabilité certaine. Suivant d'autres auteurs, la fraude rend la créance exigible avant le terme stipulé, et l'article 1188 du Code Napoléon se trouve applicable par analogie.

SECTION V.

Contre quelles personnes la révocation peut être demandée.

L'action révocatoire est dirigée en premier lieu contre ceux qui ont acquis du débiteur, de mauvaise foi s'ils ont traité à titre onéreux, et même de bonne foi s'ils ont reçu une libéralité; c'est une distinction que nous avons établie précédemment.

Elle peut être également intentée contre leurs héritiers, qui succèdent aux obligations de leur auteur.

En est-il de même à l'égard des successeurs à titre particulier? Faut-il appliquer encore la distinction fort équitable d'ailleurs des jurisconsultes romains, suivant laquelle les sous-acquéreurs ne sont soumis à l'action qu'autant : 1° que leur auteur y était soumis lui-même; 2° que les conditions de l'action se trouvent réunies en leur personne?

Certains auteurs ont contesté de nos jours

cette solution ; ils font application ici de la règle : *Nemo plus juris in alium transferre potest quam ipse habet ;* ils disent que la première acquisition étant anéantie, toutes celles qui l'ont suivie doivent tomber également.

Nous ne saurions nous ranger à cet avis ; s'il était exact d'appliquer cette maxime aux sous-acquéreurs, un principe analogue devrait être appliqué aux premiers acquéreurs ; si l'acquéreur primitif n'a pas eu le droit de transférer la propriété de l'objet qu'il avait frauduleusement acquis, le débiteur lui-même ne doit pas avoir celui de transférer une propriété irrévocable en fraude de ses créanciers ; et cependant personne ne lui conteste ce droit.

Il est également inexact de dire que la vente faite par le débiteur se trouve anéantie. Cette vente est valable ; elle est irrévocable dans les rapports entre le vendeur et le tiers acquéreur ; seulement les créanciers peuvent s'adresser à celui-ci, et lui demander réparation du tort qu'il lui a causé en s'associant à la fraude du vendeur ; en dehors de cette participation à la fraude, les créanciers ne peuvent élever de plainte, parce que leur adversaire protégé par sa bonne foi et la nature de son titre a sur eux l'avantage de la vigilance.

Il n'y a donc aucun motif de rejeter la distinction ancienne, et c'est ce qu'a jugé la cour de Paris par arrêt du 11 juillet 1829.

La même distinction doit être suivie à l'égard des démembremens de la propriété que l'acquéreur primitif aurait concédés sur le bien par lui acquis.

Quant au débiteur lui même, l'action Paulienne n'est pas donnée contre lui ; les principes ordinaires du droit suffisent à son égard ; il reste débiteur, obligé au paiement ; ses créanciers, si un préjudice est résulté pour eux de sa fraude, peuvent même le faire condamner à des dommages intérêts et obtenir contre lui la contrainte par corps (C. N. art. 1382 ; C. pr. art 126).

SECTION VI.

Durée de l'action Paulienne.

Trois systèmes ont été présentés sur ce point ; suivant le premier, la loi n'ayant point imparti aux créanciers de délai fatal pour exercer leur action, ce serait au juge à l'arbitrer suivant les circonstances.

Une seconde opinion applique à l'action Paulienne le délai de dix années fixé par l'article 1304 du code Napoléon pour l'exercice des actions en nullité ou en rescision. Mais on a fait remarquer avec raison, et cela résulte des termes mêmes de cet article, qu'il n'est relatif qu'aux actions en nullité offertes à ceux qui ont été parties à l'acte ; et que la situation du créancier dans la matière qui nous occupe est toute différente ; il n'a point été partie à l'acte ; et la Paulienne est une action principale.

Il faut donc reconnaître avec l'arrêt précité de la Cour de Paris, du 11 juillet 1829, et un arrêt de Toulouse du 15 janvier 1834 que l'action Paulienne tombe sous le principe de l'article 2262 du Code Napoléon, et dure 30 ans.

Et le point de départ de ce délai doit être le jour de l'exécution de l'acte frauduleux.

Toutefois cette action peut se trouver indirectement éteinte par la prescription de 10 à 20 ans, dans le cas où l'immeuble est passé aux mains d'un acquéreur ayant juste titre et bonne foi. De même encore, l'acquéreur de bonne foi d'un objet mobilier pourrait opposer aux créanciers la prescription instantanée de l'article 2279. Opposables au propriétaire lui-même, ces moyens de défense doivent l'être à plus forte raison à de simples créanciers.

Le délai de la tierce-opposition est également de 30 ans. Toutefois l'article 873 du Code de procédure déroge à cette règle pour le cas où les créanciers attaquent un jugement de séparation de biens ; si les mesures de publicité prescrites par l'article 872 ont été remplies, ils n'ont qu'une année pour le critiquer.

Mais on retombe sous la règle générale lorsque ces formalités ou quelques unes d'entre elles n'ont point été accomplies, ou lorsque les créanciers attaquent, non plus le jugement de séparation en lui-même, mais son exécution, c'est-à-dire la liquidation des droits et reprises de la femme ; et cette solution est même admise pour le cas où la liquidation a été faite par le jugement même, parce que le motif qui a dicté le délai exceptionnel de l'article 875 est que la position des époux, quant aux biens, ne doit pas rester trop longtemps incertaine, et que ce motif est inapplicable à la liquidation des reprises de la femme.

CINQUIÈME PARTIE.

DROIT COMMERCIAL.

(Code de commerce, art. 446 à 449).

Les règles que nous venons d'exposer sont applicables au commerce ; mais elles sont insuffisantes pour le cas de faillite, qui est le véritable terrain des fraudes ; chaque créancier vient circonvenir le débiteur pour lui arracher le plus possible ; celui-ci, de son côté s'entend avec ses proches, et cherche à se réserver des ressources pour l'avenir.

Si, pour répondre à cette situation exceptionnelle, une législation était réduite à l'application des principes ordinaires, il en résulterait deux inconvénients graves : 1° Une multitude de procès et des frais considérables à la charge de la masse ; 2° les collusions et les fraudes resteraient impunies.

Aussi dès 1667, un réglement spécial à la ville de Lyon consacra-t-il le double principe des nullités de plein droit et des présomptions de nullité ; ce réglement (du 2 juin 1667), qui fut homologué par arrêt du conseil du 7 juillet

suivant , déclarait *nuls toutes cessions et trans-
ports sur les effets des faillis* , *s'ils n'étaient faits
dix jours au moins avant la faillite publiquement
connue* (art. 13).

Une déclaration célèbre du **18** novembre
1702, rendit ce réglement applicable à toute la
France (1).

Tel fut le point de départ du Code de Commerce de **1808,** qui consacra les dispositions de
cette déclaration , sauf quelques changements
ou additions ; il conservait le délai fatal de dix
jours ; il frappait de nullité les hypothèques
acquises dans ce délai, et résultant d'obligations
ou de sentences, ainsi que les donations d'immeubles ; quant aux actes à titre onéreux, il
obligeait les créanciers à prouver que le tiers
avait commis une fraude ; seulement le Code
entendait par fraude la simple connaissance
du mauvais état des affaires du débiteur. Il
y avait innovation quant au point de départ
des dix jours : la déclaration de **1702** les faisait
courir du jour de la *notoriété de la faillite;*
c'était là quelque chose de vague et d'insaisis-
sable, et d'essentiellement relatif. Le Code

(1) Nous ne parlons pas de l'ordonnance de 1673, qui dans son article 4 contenait une disposition spéciale sur ce point, parceque d'après
le témoignage de nos anciens auteurs, ce n'était qu'une application du
principe général de l'action Paulienne.

de 1808, rattacha et avec raison son système à une autre donnée, à *l'ouverture de la faillite;* on entendit par là l'ébranlement des affaires du débiteur attesté par des actes manifestes, tels que sa retraite ou la clotûre de ses magasins (art. 441).

Voyons quelles furent les innovations apportées à ce Code, lors de la révision de 1838.

On abandonna tout d'abord l'expression *d'ouverture de la faillite* qui paraissait trop peu claire, et on lui substitua celle de *cessation des paiements.* — 2° On supprima les signes indicateurs de cette cessation, laissant au tribunal de Commerce la mission de l'apprécier en fait. — 3° L'ancien Code annulait les donations d'immeubles sans parler des donations de meubles; la loi de 1838 a comblé cette lacune. — 4° L'ancien article 446 annulait les paiements anticipés de dettes commerciales; le nouveau Code étend cela aux dettes civiles. — 5° Les hypothèques étaient annulées sans aucune distinction; la loi nouvelle en établit une, et assimile à l'hypothèque le nantissement et l'antichrèse. —6° Les actes onéreux passés dans les dix jours pouvaient être frappés; il n'en est plus ainsi.

Telles sont les principales innovations de la loi de 1838, qui sont venues corriger des défectuosités du Code de 1808.

Examinons maintenant les diverses distinctions adoptées, soit à raison de la nature des actes, soit à raison de leur date. Et d'abord, une première distinction est faite à raison de la date des actes: 1° ceux qui sont faits postérieurement au jugement déclaratif de faillite sont radicalement nuls; le failli était dessaisi. — 2° Ceux qui sont faits avant la cessation des paiements et les dix jours qui la précèdent sont soumis aux règles ordinaires, aux principes généraux de l'action Paulienne.— 3° Quant à ceux qui sont accomplis dans la période intermédiaire, c'est à eux que s'appliquent les nullités de plein droit et les présomptions de nullité des articles 446 et suivants; plusieurs distinctions sont faites d'après la nature des actes.

Aux termes de l'article 446, sont nuls et sans effet relativement à la masse, lorsqu'ils auront été faits par le débiteur, depuis l'époque de la cessation des paiements ou dans les dix jours qui auront précédé cette époque :

1° Tous actes translatifs de propriétés mobilières ou immobilières à titre gratuit;

2° Tous paiements, soit en espèces, soit par transport, vente, compensation ou autrement, pour dettes non échues, et pour dettes échues, tous paiements faits autrement qu'en espèces ou effets de commerce ;

3° Toute hypothèque conventionnelle ou judiciaire et tous droits d'antichrèse ou de nantis-sement constitués sur les biens du débiteur pour dettes antérieurement contractées.

Quelques observations sont à faire sur ces différents actes.

Donations. — Les donations faites depuis la cessation des paiements ou dans les dix jours précédents sont nulles de plein droit. Rien n'est plus juste; le débiteur arrivé à la veille de sa faillite ne doit avoir qu'une pensée, suffire à ses paiements; donner, c'est violer ses devoirs. Peu importe aujourd'hui que la donation porte sur des immeubles ou sur des meubles; peu importe aussi que la donation consiste en une translation de propriété ou en une remise de dette, ou en une obligation de donner; il ne faut voir qu'une inexactitude dans les expressions de la loi *actes translatifs de propriété*.

Mais que faut-il dire des donations en faveur du mariage, et des donations rémunératoires ? Le doute dans le premier cas vient de ce que l'acte a un côté onéreux; il suppose des charges; et la Cour de cassation, comme nous l'avons vu plus haut, s'est attachée à ce point de vue pour déterminer le caractère de la dot et pour la ranger dans la classe des actes à titre onéreux. Quant aux donations rémunératoires, la rai-son de douter, c'est qu'il y a là exécution d'une obligation. Nous pensons toutefois qu'en songeant au but de l'article 446 , qui est de s'opposer à la diminution de l'actif, c'est au point de vue de la masse qu'il faut envisager les choses; or, quant à elle, peu importent ces distinctions.

La donation a donné lieu à des difficultés sous un autre rapport : aux termes de l'article 932 du Code Napoléon, le contrat de donation peut être scindé; l'offre peut être faite dans un acte, l'acceptation dans un autre; dans ce cas on exige une notification de l'acceptation. Enfin dans certains cas la donation doit être transcrite pour produire tous ses effets. De ces diverses parties de la donation, les unes peuvent avoir été accomplies avant les dix jours, et les autres pendant ce délai ; de là des doutes :

Si la donation, offerte avant les dix jours , n'a été acceptée que pendant ce délai , elle est nulle ; la véritable date de la donation est celle de l'acceptation ; jusque là ce n'était qu'un projet.

Que si la donation a été faite et acceptée avant les dix jours, mais que l'acceptation n'ait été notifiée au donateur que dans les dix jours, il en sera de même, car à l'égard du donateur la donation n'a d'effet que du jour de cette notification (art. 932, C. Nap.)

Reste enfin une dernière hypothèse, celle où une donation d'immeubles, accomplie entre les parties avant les dix jours, n'a été transcrite que pendant ce délai. La jurisprudence semble admettre la validité de la donation, bien que la transcription soit réellement la consécration de la donation vis-à-vis des tiers ; c'est qu'en matière de nullités de plein droit, le Code de commerce semble s'attacher uniquement au fait du débiteur pour apprécier son acte (art. 446).

Paiements anticipés : Cet acte n'est point à proprement parler une donation ; mais il est dommageable à la masse, et de plus il est suspect et de nature à incriminer le débiteur ; c'est à ce titre qu'il est déclaré nul. — Les termes de la loi sont assez larges pour comprendre l'escompte ; le débiteur près de cesser ses paiements ne doit pas anticiper les échéances.

Paiement d'une dette échue : Il est nul s'il est fait autrement qu'en espèces ou effets de commerce ; c'est que ce paiement anormal a dû avertir le créancier de la mauvaise position du débiteur et l'a constitué de mauvaise foi.

Hypothèques : Nous avons déjà fait remarquer que la loi de 1838 a innové sur ce point ; sous l'empire du Code de 1808, l'hypothèque constituée dans les dix jours était annulée dans tous les cas, disposition peu logique dont l'effet était de séparer l'hypothèque du contrat principal auquel elle doit rester attachée, et de porter une grave atteinte au crédit des commerçants.

La distinction de la loi de 1838 est fort sage : elle n'annulle l'hypothèque consentie dans les dix jours que si elle a été constituée pour une créance ancienne, qui en était dépourvue dans le principe ; dans ce cas, l'hypothèque est une sorte de libéralité sans compensation pour le débiteur, sans profit pour la masse, et sur laquelle le créancier ne devait pas compter.

Une question s'élève sur ce point : l'hypothèque sera-t-elle nulle, même dans le cas où elle a été accordée après l'échéance de la dette? Le doute est permis, car le débiteur pouvait faire un paiement valable ; or l'hypothèque, sûreté du paiement, est moins que le paiement.

Toutefois il est plus sûr de ne pas faire cette distinction que le texte ne fait pas : le créancier auquel le débiteur offre une hypothèque au lieu de paiement est averti par là de la position de ce dernier ; il commet une fraude.

Quant à l'hypothèque judiciaire, elle s'applique toujours et nécessairement à une dette préexistante, et la distinction de l'article 446 ne peut être établie. Cette hypothèque résultant d'un jugement passé dans les dix jours sera toujours nulle.

L'article 446 ne parle pas de l'hypothèque légale, et c'est avec raison ; attachée à la qualité de la créance, elle ne saurait en être séparée : l'une et l'autre n'ont qu'une seule et même date. Il en est de même des privilèges.

A l'égard du nantissement et de l'antichrèse, c'est à bon droit que la loi nouvelle les a assimilés à l'hypothèque ; constitués après coup, ce sont des libéralités très dommageables à la masse.

Telles sont les nullités de plein droit.

Tous les autres actes (et ils sont tous à titre onéreux) peuvent être annulés s'ils ont été consentis par le débiteur après la cessation de ses paiements, en faveur de tiers qui avaient connaissance de sa position. (Art. 447).

Et cette disposition doit être prise dans le sens le plus général, et comprendre tous les actes passés par le débiteur depuis la cessation de ses paiements.

La loi n'annule ces actes qu'autant qu'il y a fraude de la part des tiers : elle ne détermine point de délai fatal avant la cessation des paiements. Le motif de ces différences est d'une part qu'il s'agit d'actes à titre onéreux dont l'annulation cause préjudice aux tiers, et que dès lors il fallait se préoccuper de la moralité des parties ; d'autre part, que les tiers ne sauraient être de mauvaise foi avant la cessation des paiements, ne pouvant pas connaître un fait non encore réalisé.

Du reste, ces deux conditions étant remplies, le sort de ces actes n'est point encore décidé ; le tribunal aura à apprécier les circonstances, et à voir si l'acte ne mérite pas d'être maintenu.

Le débiteur ne peut pas invoquer ces nullités ; elles ne profitent qu'aux créanciers, mais à tous, même à ceux postérieurs à l'acte annulé. Un créancier ne peut même pas les invoquer en son nom personnel ; faites pour la faillite, elles ne peuvent être invoquées que par la faillite.

Cette action dure autant que la masse, au profit de laquelle elle a été créée ; mais elle tombe lorsque la masse a disparu.

Enfin il est une dernière catégorie d'actes qui peuvent être annulés, quoique faits de bonne foi, et par cela seul que le créancier a commis une négligence : c'est l'inscription des hypothèques ou privilèges valablement acquis (Art. 448). Si le créancier a laissé écouler un trop long temps entre le contrat d'acquisition et l'inscription, la fraude est présumée, et l'inscription peut être déclarée nulle. La loi a fixé un délai de quinzaine, plus une augmentation à raison des distances.

Une disposition toute spéciale se trouve dans le nouvel article 449. Le porteur d'une lettre de change ou d'un billet à ordre, à qui l'on offre le paiement à l'échéance ne peut le refuser ; dans l'impossibilité où il est de faire un protèt régulier, il ne peut se réserver de recours contre ses garants. Il fallait donc introduire une modification aux principes pour ne pas altérer la valeur des effets commerciaux. De là cette disposition suivant laquelle, si l'effet a été payé depuis la cessation des paiements, l'action en rapport ne pourra être intentée que contre celui pour compte duquel la lettre de change avait été tirée ou contre le premier endosseur du billet à ordre.

POSITIONS.

—

DROIT ROMAIN.

I.— Le paiement d'une dette échue fait avant la *missio in bona* ne tombe pas sous l'application de l'action révocatoire.

II.— Le défendeur à l'action Paulienne, s'il est de mauvaise foi, doit restituer tous les fruits qu'il a perçus ou qu'il aurait dû percevoir.

III.— L'action Paulienne se prescrivait par un an. — Cette année courait du jour de la vente des biens du débiteur.

IV.— Le défendeur à la revendication qui ne possédait pas au moment de la *litis contestatio*, mais qui possédait au moment du jugement, devait être condamné.

V.— La perte de la chose revendiquée survenue après la *litis contestatio*, n'est pas à la charge du possesseur de bonne foi, qui avait de justes motifs de se croire propriétaire.

VI.— Le possesseur de mauvaise foi peut opposer au propriétaire l'exception *doli mali*, pour se faire indemniser de ses dépenses utiles jusqu'à concurrence de la plus-value.

DROIT FRANÇAIS.

I.— L'intention frauduleuse chez le débiteur est une condition essentielle de la révocation des actes, même à titre gratuit.

II.— Le tiers-acquéreur dépouillé par les créanciers a un recours contre le débiteur.

III.— La renonciation à l'usufruit légal ne peut être révoquée quand elle est la conséquence de l'émancipation.

IV.— Les sous-acquéreurs sont soumis aux mêmes principes que les acquéreurs primitifs.

V.— L'action Paulienne est une action personnelle.

VI.— La constitution de dot doit être considérée comme un acte à titre gratuit à l'égard de la femme, et comme un acte à titre onéreux à l'égard du mari.

VII.— Les articles 299 et 300 C. N. sont applicables au cas de séparation de corps.

DROIT COMMERCIAL.

I.— La dot constituée dans les dix jours qui précèdent la cessation des paiements, est nulle.

II.— L'escompte rentre sous l'application de l'article 446 du Code de commerce.

DROIT CRIMINEL.

I.— Il y a infanticide alors même que l'enfant n'est pas né viable.

II.— Le mensonge d'un témoin sur l'interpellation relative à ses noms, qualités et relations de parenté avec l'accusé ne constitue pas le crime de faux témoignage.

DROIT DES GENS.

I.— Les jugements rendus par les tribunaux étrangers ont force de chose jugée en France quand ils sont rendus contre un étranger ; ce qui leur manque, c'est la force exécutoire.

Ces jugements n'ont en France ni force de chose jugée, ni force exécutoire lorsqu'ils sont rendus contre un français.

II.— La caution *judicatum solvi* ne peut pas être exigée par le défendeur étranger.

Vu par le Président de la thèse,
P. BRAVARD-VEYRIÈRES.

Vu par le doyen,
C. A. PELLAT.

Permis d'imprimer,
Le Vice-Recteur de l'académie de Paris,

CAYX.

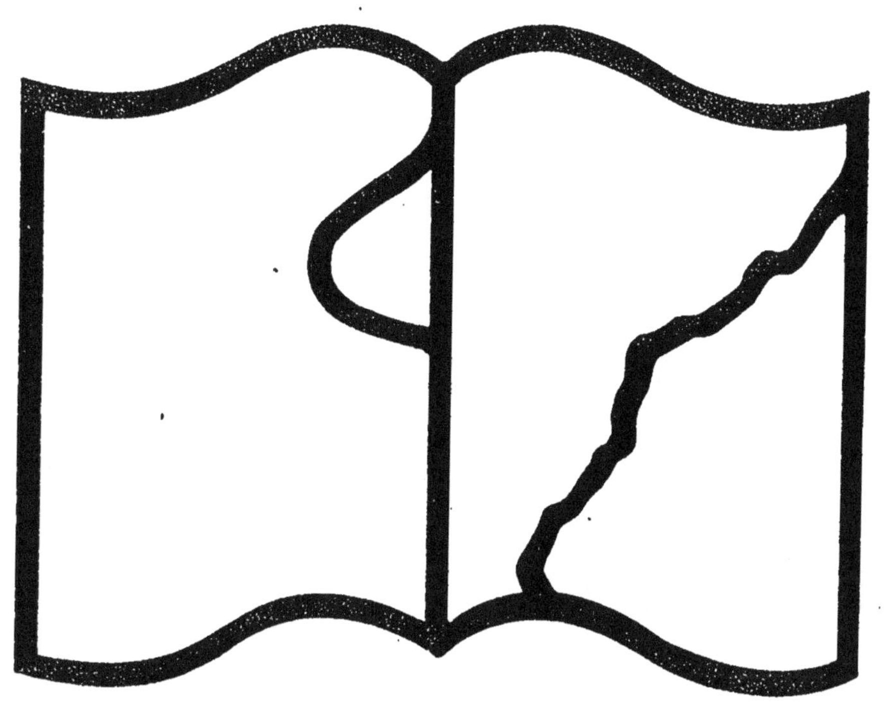

Texte détérioré — reliure défectueuse

NF Z 43-120-11

www.ingramcontent.com/pod-product-compliance
Lightning Source LLC
Chambersburg PA
CBHW061242060726
47596CB00002B/395